**주저앉는 대신
    펜을 들었습니다**

주저앉는 대신 펜을 들었습니다
삶의 바닥에서 찾은 4가지 쓰기의 기쁨

초 판 1쇄 2025년 10월 27일

지은이 한갑순
펴낸이 류종렬

펴낸곳 미다스북스
본부장 임종익
편집장 이다경, 김가영
디자인 윤가희, 임인영
책임진행 이예나, 김요섭, 안채원, 김은진

등록 2001년 3월 21일 제2001-000040호
주소 서울시 마포구 양화로 133 서교타워 711호
전화 02) 322-7802~3
팩스 02) 6007-1845
블로그 http://blog.naver.com/midasbooks
전자주소 midasbooks@hanmail.net
페이스북 https://www.facebook.com/midasbooks425
인스타그램 https://www.instagram.com/midasbooks

ⓒ 한갑순, 미다스북스 2025, *Printed in Korea*.

ISBN 979-11-7355-545-9 03810

값 18,500원

※ 파본은 구입하신 서점에서 교환해드립니다.
※ 이 책에 실린 모든 콘텐츠는 미다스북스가 저작권자와의 계약에 따라 발행한 것이므로 인용하시거나 참고하실 경우 반드시 본사의 허락을 받으셔야 합니다.

미다스북스는 다음세대에게 필요한 지혜와 교양을 생각합니다.

삶의 바닥에서 찾은 4가지 쓰기의 기쁨

주저앉는 대신 펜을 들었습니다

한갑순 지음

미다스북스

프롤로그
쓰기로 '나'를 만났습니다

일생일대의 중요한 목적 같은 건 없었습니다. 그저 살기 위해 전쟁터에서 도망치듯 서울을 빠져나와 춘천으로 거처를 옮겼습니다. 낯선 지역과 익명성이 자유로울 만큼 삶에 지쳐 있었습니다. 생의 고난이 빠르게 지나가길 바랐으나 하루하루는 꾸역꾸역 흘렀지요. 어느덧 마흔을 넘어 오십에 이르니 내 남은 시간이 보이기 시작했습니다. 가정과 아이들을 위해 애쓰며 살아왔는데, 어느 순간 나는 어디로 가고 있는 건지, 내가 진짜 원하는 게 무엇인지 알 수 없었습니다. 가끔은 외딴곳에 '엄마', '아내'라는 이름표를 떼고 그냥 나로만 살고 싶었지만 그럴 수만은 없었습니다. 나는 엄마였기에 굳세게 삶을 버텨내야 했으니까요. 내가 무너지면 안 된다는 생각으로.

내 우중충한 날들에 반짝이는 기쁨이라면 잘 자라 주는 아이들이었습니다. 나와 다르게 아이들이 제 삶을 행복하게 사는 모습은 지친 삶에 큰 위안이었지요. 어느 날, 딸은 전교학생회장이 되기를 꿈꾸었고, 기특하게도 딸은 꿈을 이루었습니다. 딸이 다니던 학교는 학생회장의 부모가 학부모회 회장을 맡는 것이 암묵적인 약속이었어요. 때문에 엄마인 나는 학부모회장이 되었습니다. 딸이 꿈을 이룬 것은 기뻤지만 내 마음은 마냥 편치만은 않았습니다. 하필 꾸역꾸역 사는 때에, 쫄딱 망해서 피난살이 하는 때에, 마음이 가난한 때에, 하루 벌어 하루 사는 때에, 딸은 기특했고, 나는 애가 탔습니다.

학교행사가 있는 날이면, 나는 치장에 몰두했습니다. 공들여 화장을 하고, 큰 키를 더 도드라지게 할 힐을 신었지요. 내 곤궁을 감추기 위해 최소한의 요란이라도 떨어야 빈 마음이 채워졌는지 모르겠네요.

"뭐 하시는 분이세요?"

같은 반 학부모가 호기심 담긴 눈으로 물어 온 질문이었습니다. 야무진 아이를 둔 엄마에 대한 궁금증이었을 겁니다. 어려운 질문이 아니었는데, 나는 쉽사리 답을 하지 못했습니다.

 무엇을 하는 사람이면 스스럼없이 나를 소개했을까?
 어떤 삶을 살고, 어떤 이름을 가져야 그 질문에 머뭇거리지 않았을까?
 그럭저럭 넉넉해서 일할 필요가 없다는 허세를 생각해 보기도 했습니다. 아이를 위해서였는지 나를 위해서였는지 모를 헛헛한 거짓을 꾸며대고 싶었나 봅니다.

 나는 아이들을 양육하며 시간을 쪼개어 학생을 가르치고 있었습니다. 최선을 다해 살고 있다고 생각하면서도 속마음은 그러지 않았나 봅니다. 누군가에게 내놓기엔 아쉬운 인생, 깊은 내면은 그랬을까요. "뭐 하시는 분이세요?" 이 사소한 질문에 나는 머뭇거렸습니다. 아무것도 아닌 나를 마주하며 가슴이 휑했달까요. '괜찮은 척' 살았지만, 툭 던진 질문 하나에 가슴을 세게 얻어맞았습니다. 질문은 빈곤한 내게 날카로운 흔적을 남겼고 엉킨 삶을 건드리는 방아쇠가 되었습니다. 꾹꾹 눌러 놓은 서러움이 터져 나왔지요.

 춘천으로 쫓겨 오던 삶의 시작은 사기였습니다. 우리는

전 재산을 잃어야 했지요.

재산뿐 아니라 다정하던 남편은 사라지고 괴물만 남았습니다.
그 무렵 둘째는 선천적 장애를 가지고 태어나 기쁨과 충격이 뒤섞인 날들을 보내야 했지요.
동생이 세상을 버렸고, 뒤이어 사고로 오빠를 잃었습니다.
삶의 고난에 휩쓸려 방향을 헤매며 떠밀려 가고 있었어요.
위태로운 부부관계와 그 안에서 불안한 아이들을 부둥켜안고 아무 문제 없는 듯 꾸역꾸역 살았습니다. 그때 나는 그랬습니다.

꾀부리지 않고 성실하게 살았으나, 내 주위에는 온갖 불행이 들러붙고 있는 것만 같았습니다. 희망은 손가락 사이로 빠져나가 애쓰고 노력하며 살아도 마음이 허전했지요. 버티고 살기가 버겁고 지긋지긋했습니다. 주어진 운명이 고작 이런 삶인 건가. 야속할 때, 저는 글을 썼습니다.

아이들이 잠든 조용한 밤, 식탁 한 귀퉁이에서 낡은 공책에 펜을 눌렀습니다. 무엇을 쓰는지도 모른 채 손이 먼저 움직였지요. 진한 화장 뒤에 감추기 급급했던 오래 묵은 이야기들이 줄줄이 흘러나왔습니다. 손익을 따지느라 삼켜버린 목소리와 희미한 욕망, 어느 것 하나 만족스럽지 못한 나. 신과 세상에 대한 분노까지 또박또박 소리 내었습니다. 글을 쓰다 책상에 엎드려 흐느껴 울기도 했습니다. 그 눈물이 분노인지 슬픔인지 안도인지 알 수 없었지만, 오래도록 가슴에 맺혀있던 무언가가 빠져나가는 것 같았습니다. 혼자만의 외침이지만 그렇게 후련할 수가 없었어요. 임금님 귀는 당나귀 귀처럼 나만 아는 비밀은 저를 가두는 감옥이 되었을까요. 그 안에서 저는 고난을 한껏 부풀리며 제 불안에 부채질했는지 모릅니다. 혼자 끙끙대며.

보일 듯 보이지 않던 불투명한 날들에 쓰기는 아침의 태양처럼 습기 먹은 안개를 서서히 지워냈습니다. 숨죽인 말들을 한 줄 한 줄 끄집어내며 조금씩 자유로워지고 있었달까요.

글을 쓰는 건 아프고, 용기가 필요한 일입니다. 사실, 내 이야기가 누군가의 혀끝에서 달콤한 뒷담화가 된다거나 씩씩하게 살아온 삶의 일부가 훼손되는 것이 싫었어요. 연민의 눈빛이 박히는 것도. 숱한 내면의 갈등이 쓰기를 붙잡는 날도 많았습니다. 그러면서도 속을 흩어놓는 걱정을 달래가며 차곡차곡 글을 쌓아갔습니다. 쓰기의 날은 내 삶의 모나고 껄끄러운 울퉁불퉁한 길을 뚜벅뚜벅 동행했어요. 가장 먼저 꾸짖고 면박을 주던 사람, '나'를 만났습니다. 나를 비난하던 내가 쓰면서 '나'를 다독였습니다. 어느새 가장 온유한 친구로 나에게 어여쁜 시선을 보내며 응원하고 있었습니다.

글을 쓰며 비뚤어진 마음을 고쳐먹으니 꾸역꾸역 살던 삶이 제법 그럴듯해졌습니다. 하루하루가 견딜 만했고, 즐겁게 살아볼 만한 날들이 되었다고 할까요. 치장으로 감추려 했던 초라함도 제 모습의 일부로 받아들일 수 있게 되었습니다. 완벽하지 않아도 괜찮고, 모든 것을 가지지 않아도 괜찮았습니다. 글은 나에게 그런 용기를 주었습니다.

굴곡진 삶을 통과하던 마흔에 몰아친 삶. 예측할 수 없기에 많이 방황하고 흔들렸습니다. 내 삶이 특별해서는 아닐 것입니다. 누구에게나 삶의 다양한 아픔이 있고 그 안에서 많은 이가 방황할 것입니다. 그럼에도 우리는 이 세상 삶을 살아내야 합니다. 이왕 살아야 하는 삶이라면 짊어진 삶의 무게를 덜어 가볍게 살았으면 좋겠습니다.

나의 글은 누군가의 어깨에 놓인 짐이나 흐릿한 안개를 걷어내는 작은 빛이 되었으면 합니다. 인생살이가 녹록지 않아 주저앉고 싶을 때 그의 어깨를 토닥이는 글이기를요.

요즘 나는 나에게 묻습니다.

"뭐 하시는 분이세요?"
"저는 글을 쓰는 사람입니다. 삶의 아픔을 기록하고, 그 속에서 작은 의미와 희망을 찾아 누군가와 나누는 일을 합니다."

목차

프롤로그
005

1장
애도의 쓰기

1-1 아름다운 생이었습니다 019

1-2 훌훌 벗고 편안하시길 025

1-3 그대는 나의 슈퍼스타 033

1-4 아빠는 열 살 소년 040

1-5 고생 많으셨습니다 047

1-6 너의 이름을 기억할게 053

1-7 기이한 장례식 060

1-8 삶에 삼류라 말할 수 있는가 066

1-9 고통의 이름은 고통 072

1-10 어떻게 떠났을까 078

1-11 슬픔의 값은 얼마인가 084

1-12 진한 사람 향기 091

2장

고난의 쓰기

2-1 있는 그대로의 온전한 수용 103

2-2 가난이 준 유산 110

2-3 닭다리에 스민 눈치 게임 117

2-4 가면을 썼습니다 123

2-5 대원각에서 길상사까지 128

2-6 삶의 아이러니 133

2-7 용서하세요 139

3장

고해의 쓰기

3-1 내겐 너무나 특별한 생일　149

3-2 엄마 꽃 흔들리다　156

3-3 청춘 라떼, 어쩌다 꼰대　162

3-4 삶은 불안한 판도라　168

3-5 그대의 안분지족에 감사를　175

3-6 고난도 축복이다　181

3-7 오늘만큼은 인싸, 카메라맨　188

3-8 엄마라는 이름을 걷다　196

3-9 나의 첫 번째 우주　201

3-10 그날 우리는　206

3-11 시간이 하는 일　214

3-12 그냥 사람입니다　220

4장

즐거운 쓰기

4-1 쓰기의 처음　233

4-2 민낯이 예쁜 글의 매력　239

4-3 용기를 내어 씁니다　247

4-4 우울 너머 해학으로 살기　253

4-5 너와 태풍이 금빛 호수를 달리다　258

4-6 아직도 글을 쓰는, 나　264

4-7 새벽 리어카, 글을 나르다　270

4-8 도피에서 희망으로　276

에필로그

281

1장

애도의 쓰기

1-1
아름다운 생이었습니다

"아빠, 뭐 드시고 싶으신 거 있어요?"
"먹어도 돼?"

아빠는 의아해하시면서도 "푸주옥, 그 집 도가니탕이 맛있어."라고 하셨다. 먹고 싶은 것을 먹는 건 인간의 기본적인 욕구였다. 그러나 아빠는 허락을 구해야 했다. 눈앞에 놓인 상황이 가슴 아팠다. 급성 간경화로 입원한 아빠에게 병원은 금기하는 음식이 많았다. 나는 냉큼 차를 몰아 푸주옥으로 향했다. 한시라도 빨리 드시게 하고 싶었다. 팔팔 끓는 도가니탕에 송송 썬 파를 넣으니 보글보글 끓어오르는 거품을 따라 푸른 파 줄기가 일렁였다. 뽀얀 국물을 뚝배기에 담아 내놓자 아빠는 빙그레 미소를 지으셨다. 국물을 떠서 한 숟가락 맛을 보시고는 천천히 고개를 끄덕이셨다.

"맛있어요?"
"응."

한 달 넘게 병원에 갇혀 계시던 아빠였다. 말이 쉬워 한 달이지, 한 달간 제대로 드시지도, 주무시지도 못했다. 수시로 혈액검사와 퉁퉁 부풀어 오른 복수를 빼내야 했다. 상황이 심각하게 돌아감에도 아빠는 주치의와 간호사를 볼 때마다 집에 가겠다며 어린아이처럼 졸라댔다. 나에게까지 퇴원에 동조하기를 바라며 설득을 해왔다. 쓸데없이 붙잡아서 병원비를 벌려는 것이라며. 그런 아빠에게 마침내 퇴원이 허락되었다.

"더는 병원에서 할 수 있는 방법이 없어요. 환자분이 드시고 싶다는 거 많이 드시게 하세요."

주치의는 아빠의 소원을 들어주는 아량을 베풀었으나 퇴원은 사실상 죽음을 예고한 것이었다. 가슴이 뛰었다. 뒤죽박죽 머릿속 시계는 바빴지만 달리할 수 있는 일이 없었다. 신이 허락한 시간은 몇 주? 아님, 몇 날일까? 마지막 순간을 가늠할 수 없는데 마냥 흘러가는 시간이 막막했다. 의사의 말대로 아빠가 드시고 싶다는 음식을 실컷 드시게 하는 일이 내가 할 수 있는 전부였다. 병원에서는 줄곧 입맛이 없다

하시던 아빠가 퇴원 후 떠올린 것은 도가니탕이었다.

김을 호호 불며 후룩후룩 맛나게 드시는 모습이, 그 순간이, 영화의 한 장면처럼 내 눈에 새겨졌다.
"내일 또 드실래요?" 마치 내일도, 모레도, 영원히 이런 날이 계속될 것처럼 물었다.
"됐다. 너도 같이 먹자."
내가 한 숟가락 뜨기를 바라는 아버지의 눈빛은 따뜻했다. 나를 향해 보아주던 다정한 눈빛은 한결같았다.

내가 늦은 나이에 대학에 가겠다고 했을 때 온 가족은 나를 반대했었다. '그 나이에 뭘.', '돈이 어디 있어서.'라며. 반대에도 불구하고 나는 몰래 공부를 했고, 대입 시험을 치렀다. 그렇게 준비한 대학 합격 전화를 받은 건 아빠였다. 그 날따라 늦게 귀가하던 나를, 아빠는 새벽까지 기다렸다가 합격 소식을 알리셨다. "대학에 합격했단다. 축하한다." 얼마든지 회사로 전화를 걸어 말할 수도 있었다. 하지만 오후 내내 내가 오기를 기다리셨다. 내가 기뻐하는 순간을 함께하고 싶어서였을 테다. 내 눈이 동그래지며 좋아하자 아빠가 환하게 웃으시던 모습이 눈에 선하다. 대학을 졸업할 때, "수고했다. 장하다." 하며 맞추셨던 눈빛. 대학 뒷바라지는 고사하고 병을 앓는 자신을 의탁해야 하는 처지가 늘 미안했던 아빠였다. 아빠의 눈빛은 말이 아니어도 그의 마음을 보여주고는 했다.

가만히 아빠의 눈을 들여다보고 있자니 주책맞게 눈물이 차올랐다. 나는 얼른 숟가락을 들어 도가니 국물을 먹었다. 국물이 뜨거워 입안을 달구었다. '앗 뜨거워.' 나는 괜한 국물을 탓하며 얼른 등을 돌려 일어났다. 찔끔 삐져나온 눈물을 닦고는 치울 것도 없는 부엌에서 달그락거리며 서성였다.

아빠는 퇴원의 비밀을 몰랐다. 간이 딱딱하게 굳어져 더는 어떤 조치가 무색했다. 모든 수치가 죽음을 알려왔다. 주치의는 집에 가고 싶다는 아빠의 의견을 존중해 주는 쪽을 선택했다. 우리의 인디언 서머가 시작되었다. 겨울이 오기 전 따뜻한 일주일. 아빠는 집에 돌아온 것만으로도 활력을 되찾은 듯 보였다. 당신의 이부자리를 매만지며 그것이 고스란히 존재함에 안도했다. 그러고는 묵주를 찾아 손에 쥐고 십자가를 몸에 새기듯 성호를 그으셨다. 그마저도 힘에 부치셨는지 모로 누워 눈을 감으셨다. 기도를 하시는 것인지, 잠을 청하는 것인지 알 수 없는 움직임이었으나 평안했다. 묵주를 쥐고 누워 계신 모습은 평소 모습처럼 눈에 익숙

했다. 그렇기에 아빠의 끝을 미리 당겨 생각하지 않기로 했다. 생의 시곗바늘이 성큼성큼 다가오는 것도 모른 채…. 그날 손수 차려 드린 도가니탕이 아빠의 마지막 식사가 될 줄은 몰랐다.

아빠는 혼수상태에 빠지셨다. 다시 찾은 병원의 시간은 빠르게 돌아갔다. 예견된 일이었지만 마음의 갈피는 달랐다. 간병을 하면서 많은 죽음을 보았다. 함께 있던 환자가 나가면 다시 그 자리에 새로운 환자가 들어오는 순환. 대개는 세상을 떠났기에 마치 예방주사처럼 삶과 죽음을 목도할 수 있었다. 안부를 묻고 친절을 나누던 이들이 떠날 때마다 안타깝고 숙연해졌다. 그러면서 죽음에 면역이 생겼을 거라 여겼다. 하지만 피붙이의 죽음은 타인의 것과는 달랐다. 온 신경과 세포가 곤두서는 괴로움. 타인의 죽음은 연습이 되지 않았다.

아빠의 반짝이던 눈빛은 온데간데없었다. 너무도 분명하게 죽어가고 있었다. 옆에 있던 할아버지들이 그랬던 것처럼 풀어진 동공은 멍했다. 아빠의 시선은 저 너머를 향하고 있는 것 같았다. 숨이 차올라 '헉헉'거리던 고르지 못한 숨. 그 숨이 희미하게 옅어졌다. 숨과 숨 사이는 멈춤이 길어 시공이 멎은 듯했다. 심장박동기의 그래프가 아니었으면 숨을 가늠할 수 없었을 것이다. 숨을 달고 있지만 살아있는 형상은 아니었다. 아빠를 위해 온 가족이 둘러싸고 있음에도 아빠는 당신이 가야 할 고독한 길을 걸어가고 있었다. 생에 주어진 죽음이라는 운명, 그 마지막을 향해 한숨, 한숨을 숭고하게 뱉고 있었다.

아빠의 손을 잡고 '아빠, 나 많이 사랑해 줘서 고마워요. 아빠가 나의 아빠여서 행복했어. 자식 넷 키우기 힘들었을 텐데 포기하지 않고 길러주셔서 감사해요.' 입가에 맴돌 뿐 말이 떨어지지 않았다.
"임종하셨습니다."
의사의 사망선고가 떨어지자 아빠 곁에 있던 우리는 참고 있던 눈물을 터뜨렸다. 바보 같은 나는 우물쭈물하다 마지막 말을 놓쳤다. 이런 내가 답답해 가슴을 쾅쾅 쳤다. 아빠의 세계는 막을 내렸다. 장례를 치르는 내내 아빠의 인생이 가여웠다. 왜 그토록 쭈글쭈글하게 살아야만 했을까. 떵떵거리며 큰 소리 한 번 제대로 쳐보지 못한 삶에 가슴이 아팠다.

12월 짙은 파란 하늘. 내 처음 이별은 꽝꽝 얼어붙은 땅속에 아빠를 묻는 것이었다.

1-2

훌훌 벗고 편안하시길

'뿌우~~~'

가스레인지를 끄자 주전자가 뿜는 요란한 소리가 사그라들었다. 5L 용량의 뚱뚱한 주전자 가득 물을 끓여 놓으면 며칠 동안 가족이 마실 물이 해결된다. 주전자 가득 물을 채우면 곡식 창고에 쌀을 두둑하게 쌓아 놓은 것처럼 든든할 수가 없다. 마트에 가면 손쉽게 생수를 살 수 있고, 광고에 나오는 예쁜, 특히 아이들이 원하는 얼음 정수기를 들일 수도 있다. 그렇지만 나는 물을 끓이는 쪽을 고집한다. 누군가는 의아한 듯 귀찮지 않냐 묻는다. 요즘처럼 뜨거운 여름에 거실 가득 열기를 더하니 미련스레 보이는 것도 당연하다. 더구나 냉장고에 넣어 시원하게도 아닌 주전자째로 두어 미지근하게 마시니 말이다. 내가 물을 끓이는 데에는 후회 서린 불찰과 자책이 뒤섞여서인지 모른다.

 아빠는 파킨슨을 앓고 계셨다. 파킨슨은 근육이 서서히 굳어가는 병이었다. 점잖고 말수가 적어 선비 같던 아빠였다. 그런 분에게 파킨슨은 손과 발까지 묶어 옴짝달싹하지 못하는 고문과 다름없었다. 가장 먼저 변화를 보인 것은 걸음걸이였는데 짧은 보폭으로 총총총 걸으셨다. 총총걸음으로 매일 참례하는 미사는 물론 대소변을 보기 위한 일상의 움직임도 조심스럽고 위험해 보였다. 마음과 다르게 말을 듣지 않는 몸뚱이는 노년의 아빠를 얼마나 서글프게 했을까.

 처음 파킨슨이 아빠를 덮친 곳은 화장실이었다. 갑작스러운 몸의 경직으로 온몸이 뻣뻣하게 굳어 통나무가 되어야 했는데 화장실 바닥에 드러누운 아빠는 아무것도 할 수 없었다. "도와다오." 외쳐 보았지만 목소리마저 허공에서 굳어버렸다. 식은땀이 흐르도록 몸을 움직였지만 그럴수록 팔다리는 더 굳어져 갔다. 신변을 구할 몸부림을 포기한 채 누군가 화장실 문을 열고 자신을 꺼내주기를 바랄 뿐이었다. 아빠는 조카에 의해 발견되었고, 조카와 며느리, 가까이 사는 큰딸의 도움으로 가까스로 구출되었다. 파킨슨의 도발로 아빠는 움츠러들었다. 아프다고 해서, 자식 앞이라고 해서 수치를 모르지 않으실 테니. 자식인 우리에게도 사태의 심각성이 감지되었다. 아빠는 언제, 어디서든 통나무가 될 잠재성을 가진 파킨슨 환자로 낙인 찍혀버렸다.

"나 생수 좀 사다 다오."
 차라리 자신의 상태를 인지하지 못하는 병이라면 덜 괴로웠을까. 아빠는 더 자주 더 강하게 경직될 것을 예감했는지 방 안에 생수와 요강을 놓아달라 하셨다. 그래, 차가운 화장실 바닥, 축축하게 젖은 몸의 감각은 물론 온전한 정신과 달리 육신이 내 마음대로 움직이지 않을 때의 참담한 순간이 두려웠을 것이다. 아빠는 눈에 띄지 않으려 서서히 작은 방 안으로 고립되어 갔다.

 어쩌면 긴 시간 이부자리를 차지하고 누운 아픈 아빠였기에 병을 쉽게 수락해 버렸는지 모른다. 능동으로 병에 대처하는 방법 대신 너무 쉽게 약에만 의존하는 수동을 취해 버린 것은 아닌지. 연세가 드시면 몸은 차례차례 병이 늘어가는 거라며 맥없이 삶의 마지막을 받아들인 것 같다. 사실, 아빠는 파킨슨보다 더 오래전부터 무병을 앓고 계셨다. 무병은 겉으로 보기에는 상처나 다친 곳이 없으니 병이라 규정하기에는 석연치 않아 보였다. 하지만 당사자와 가족에게는 정신적인 혼란을 주는 무형의 병이었다. 긴 시간 무병으로 시달리던 아빠에게 파킨슨이라는 형벌이 더해진 것이었다. 그래서였을까 이름도 생소한 또 다른 병을 가족은 순순히 허락해 버렸는지 모른다. 노년에 닥친 불운으로 생의 존엄을 잃어가며 마음은 점점 헐고 붕괴되어 갔을 테다. 도대체 얼마나 더 처량해져야 한단 말인가.

 아빠가 통나무가 되고서야 후회가 밀려왔다. 오빠 내외가 아빠를 모시고 살았고, 친정 언니도 시부모님을 모시고 살고 있었다. 나도 가까이 살며 아빠를 자주 찾아뵈며 도리를 한다고 생각했다. 각자의 삶에서 각자가 할 수 있는 만큼 열심히 해냈다. 그럼에도 아빠의 삶에 무심했고, 무책임했던 것은 아닌가 후회가 들었다. 내 삶이 다급해 슬쩍 미뤄두었던 것이 아빠였는지 모르겠다. 조금 더 최선을 짜낼 수밖에 없었다. 가족들은 구체적인 역할을 분담했다. 나는 더 자주 아빠를 찾아뵙고 정기진료일에 병원을 모시고 다녔다. 뒤뚱뒤뚱 걸음마를 하는 세 살 아들과 총총총 튕기며 걷는 아빠를 양손에 잡고, 아빠와 아들의 엇박인 걸음에 속도를 맞추었다.

 그날, 유독 힘들어하시던 아빠였다. 총총걸음마저 힘겨워

휠체어에 몸을 의지해야 했다. 자꾸만 고개가 떨어져 휠체어에서 떨어질까 마음이 조마조마했다. 내 시선이 아빠에게 닿아 있을 때, 아들은 병원 여기저기를 뛰어다녔다. 눈으로는 아들을 팔로는 아빠를 붙잡느라 정신이 없었지만, 불길한 마음만큼은 선명했다. 간 손상이 심하다고 했다. 어쩐지 눈동자를 빼고는 모든 게 샛노랬다. 얼굴은 물론 손톱, 발톱, 치아까지 모두 누런 빛을 띠었다. 기가 찼다. 술, 담배도 안 하시는 분이 간이라니…. 무병, 파킨슨, 당뇨에 이어 이번에는 간이었다. 몸이 통나무가 되는 것도 모자라 간도 돌덩이가 되어갔다.

운명이란 것이 가혹해서 황당하기까지 했다. 아빠를 끝까지 몰아붙여 고통스럽게 만들 작정인가. 아니 어쩌면 타겟은 아빠가 아닐 수도 있었다. 아빠를 이용해 자식인 우리의 숨통을 조이려는 것인지도 모르지. 누구의 소행인지, 왜인지 알 수 없는 상황이 줄줄이 벌어지자 불쑥불쑥 악이 치밀어 올랐다. 몸의 한구석 한구석 병들어 가는 아빠와 그럴 때마다 하나씩 더 애써야 하는 우리가 가엾고, 불쌍했다. 가슴은 애끓는데 마냥 그 감정에 맞장구칠 수만은 없었다. 눈앞에는 노랗게 시들어가는 아빠의 불꽃이 거센 풍랑 앞에 애처로이 흐물거리고 있었다. 가을이 깊어 아빠의 색처럼 세

1장 애도의 쓰기

상도 노랗게 물들어 갔다. 후드득 떨어지는 은행잎처럼 노란 아빠도 후드득 떨어지고 있었다. 서서히 죽음을 준비해야 했다. 신부님께 병자성사를 받았고, 친척에게 아빠의 상태를 전했다. 수시로 기저귀를 갈아 끼우며 용변을 처리하는 일상을 반복하면서도 대체 무엇이 아빠를 노랗게 만들었는지 의문이 가시지 않았었다.

아빠가 없는 아빠의 방은 시렸다. 한쪽 귀퉁이가 내려앉은 천장 벽지. 유난히 비가 많았던 그해 여름, 습기 먹어 축 내려앉은 벽지를 보며 가을에는 손을 보자 했었다. 모든 것이 그대로였지만 아빠만 세상에 없었다. 있는 듯 없는 듯 조용한 아빠였지만 세상에 존재하지 않는 사실을 인식하는 순간 가슴을 얼게 했다. "아빠 나왔어." 하며 방문을 열면 묵주기도를 하시다 돌아보고는 씩 웃어주던 아빠, 입으로는 웅얼웅얼 기도문을 외우면서 눈빛은 다정함이 가득했다. 벽을 보고 모로 누워계시다가도 반가움에 몸을 일으켜 앉으시던 아빠가 없었다.

"나 생수 좀 사다 다오."
통나무가 된 후로 머리맡에 놓아드린 생수 6병을 다 비우지도 못한 채 아빠는 세상에서 투명해졌다. 그러다 발견한 끔찍한 그것. 투명한 생수병 옆에 시커멓게 썩어 오염된 생수병이 괴기스럽게 서 있었다. '물이 왜 이래?' 가슴이 쿵쾅거렸다. 분명 내가 사다 드린 생수였다. 오염된 물을 사다 드린 것은 아니었다. 그랬다기에는 나머지 5병에는 투명한 물이 반짝였다.

아빠의 죽음에는 많은 것이 불확실했다. 갑작스러운 간경화는 무엇 때문인지, 시커멓게 변질된 생수가 목을 타고 들어가 간의 기능을 멈춰버린 것인가. 입을 대고 마셔 오염된 것은 아닌지 온갖 추측만 플레이될 뿐이었다.

이랬다면 어땠을까를 생각한다. 방 안에 생수를 들이는 대신 매일 물 한 컵을 건넬 수 있었다면. 요강을 들이는 대신 화장실 한 번을 더 모시고 다녔더라면. 이부자리에 안전하게 두는 대신 가을 낙엽을 한 번 더 보여드렸다면. 죽음을 기다리는 대신 오늘 하루의 희망을 나누었더라면….

후회는 칭찬보다 질책에 힘을 싣는다. 내 불찰과 자책은 똘똘 뭉쳐져 오염된 물에 죄를 덮어씌우고 싶은지 모른다. 뚱뚱한 주전자에 물을 팔팔 끓이는 것은 더 많이 사랑하지 못한 아픔에서 비롯되었다. 그건 아빠에게 물 한 컵 내어드리는 일이며, 더 살뜰하게 돌보지 못한 아쉬움을 대신하는 행위인지 모른다. 아빠에게 부진했던 빚진 마음을 내 아이들과 가족에게 돌리는 것으로 나를 토닥이며 위로하는 몸짓이다.

1-3

그대는 나의 슈퍼스타

　내가 천천히 배우는 '느린 학습자'를 가르치며 학습지원단으로 일을 할 때였다. 학생이 양말을 벗더니 발바닥과 발가락 사이를 벅벅 긁으며 해맑게 웃었다.

　"저 무좀이라서 간지러워요."
　무좀이라는 것을 아무렇지 않게 밝힐 수 있는 천진함은 무좀에 대한 어떠한 편견이 없기 때문일 거다. 학습이 느리다고 해서 인지가 느린 것은 아니니까. 수업에 흥미가 적어 집중을 못 하는 경우가 있기는 하지만, 수업 중에 발가락 사이사이를 만지는 일은 흔치 않다. 학생은 발가락을 만지던 손으로 필통에서 연필과 지우개를 꺼내더니 조몰락거렸다. 그러더니 내 필통까지 가져가 볼펜과 샤프를 꺼내 똑딱똑딱 누르며 장난을 쳤다. 순간 '헉!'하며 당혹스러웠다.

어느 여름 성당에서 공동 실내화를 갈아 신을 때였다. 한 어르신이 "양말 신으세요!"라며 날카롭게 말을 했다. 순간 얼굴이 화끈거렸다. 나의 맨발이 못마땅한 말이라고 생각했으나 무좀이 걸릴 수 있으니 조심하라는 의미였음을 덧붙였다. 나를 위해 한 말이었지만 야단치는 어투에 마음은 무안했다. 사실 내가 무좀을 옮길 수도 있으니 주의하는 게 맞는 거였다. 잠깐의 볼일이라며 편리하게 생각했던 내 불찰이 맞다. 무좀은 전염이 되었고, 간지러워 생활을 불편하게 하는 대상이다. 그렇기에 기성세대에게 무좀은 '양말 신으세요!'라며 호통을 쳐도 되는 것이었다. 그러나 학생에게 그럴 수는 없었다.

발가락을 긁는 아이를 보니 살갗이 벗겨져 붉게 피가 나거나 핑크빛 속살이 아슬아슬하던 아빠의 발이 떠올랐다. 산업화가 한창이던 1980년대에 아빠는 건설 현장 노동자였다. 할아버지 밑에서 농사일을 돕다가 결혼을 하면서 서울 변두리에 삶의 터를 잡으셨다. 변변한 교육을 받지 못해 배움이 한이었던 아빠에게 먹고산다는 건 부지런히 몸을 움직여야 하는 것이었다. 아빠의 튼튼한 육신은 우리 가족에게 가장 큰 재산이었다.

검푸른 새벽, 아빠는 연장이 가득 들어찬 가방을 어깨에 메고 집을 나섰다. 나는 창문에 매달려 골목을 빠져나가는 아빠를 지켜보고는 했다. 새벽을 가르며 뚜벅뚜벅 멀어져 가는 아빠의 등은 쓸쓸했기에 그 뒷모습에 한참 시선을 두는 것은 내 사랑의 표현이었다. 아빠가 외롭지 않게. 그러다 아빠가 뒤돌아 손을 흔들어주면 내 사랑이 아빠에게 닿은 것 같아 깡충깡충 뛰며 좋아했다.

또 저녁때가 되면 버스정류장으로 아빠를 마중 나갔다. 나와 동생은 길가에 쪼그려 앉아 아빠가 오기만을 기다렸다. 해가 지는 주황빛 하늘, 어스름한 저녁의 풍경은 아련했다. 아빠를 기다리기 때문인지, 하루가 저무는 어둠 때문인지 알 수 없었다. 버스가 서면 사람들이 쏟아져 내렸고 그 안에서 아빠를 찾는 것이 유일한 목적이었다. "아빠다.", "아니네….."를 지치지 않고 반복했다. 모두가 아빠였다가 아빠가 아니었다.

정류장 앞 술집에서 "나 어떡해. 너 갑자기 가버리면…." 노래가 흘러나오고, 상점마다 노란 전구가 켜질 때쯤 사람들 틈에서 아빠를 찾을 수 있었다. 나와 동생은 세상을 다 가진 것처럼 좋아했고, 아빠를 부르며 그 품 안으로 달려들었다. 매일 보고, 아침에도 봤는데 아빠를 보면 마냥 좋았다. 우리를 발견하던 아빠도 환한 미소를 띠었다. 서로의 사랑이 공명하는 순간이 아닐까.

새벽부터 시작한 일은 한낮의 태양까지 짊어지며 고된 순간을 견뎌내야 했다. 종일 땀을 흘리며, 두드리고, 깨고, 짐을 나르며, 쉴 새 없이 몸을 움직였다. 자식이 하나둘 늘어날수록 아빠는 더 부지런히 일했다. 그럼에도 아빠의 미소에는 노동자의 땀방울은 보이지 않았다. 나와 동생이 매달려도 끄떡없는 천하무적 슈퍼맨의 모습만 있을 뿐.

슈퍼맨의 발은 매일 부르터 있었다. 나는 바가지 가득 물을 담아 아빠의 발에 끼얹어주고 수건도 대령하며 애교를 부렸다.

"아빠 무좀은 왜 걸렸어?"

아빠는 땀을 많이 흘려서라고 했다. 그래서 잘 씻어야 한다고. 나는 발을 잘 씻지 않았는데도 무좀이 생기지 않았다. 그래서 '아빠 말은 거짓말은 아닐까.' 생각했다. 그랬다. 아빠의 무좀은 필연이었던 거다. 노동으로 흘린 땀방울이 가득한 흔적. 어찌 그뿐일까. 벌겋게 달아오른 얼굴, 그을린 양팔에 빽빽하게 박힌 주근깨, 근육통과 땀띠는 가족을 위해 헌신한 노동의 서글픈 훈장이었다. 그 삶의 무게를 가늠하지 못한 나는 아빠의 발을 놓고 병원 놀이를 하려고 들었다. 물집이 잡히고 부스럼이 돋아난 부위에는 약을 바르며 간호사를 자처했다.

"아빠, 내가 해줄게."

아빠는 무좀이 뭔지도 모르고 달려드는 나를 만류했지만, 나는 살갗을 벗기고 연고를 바르는 것이 아빠를 돕는 일이라 신이 났다. 나에게 아빠의 무좀은 그랬다. 전염성도 없고, 호통칠 일이 아니었다.

어느새, 무좀은 찜찜한 대상이 되었다. 나의 필기구를 만지는 학생을 아무렇지 않게 볼 수 없는 불청객처럼. 나는 학생의 손을 잡고 화장실에 가서 손과 발을 씻겨주었다.

"선생님 아빠가 무좀이 엄청 심했는데, 무좀은 잘 씻어야 낫는다 그랬어. 아림이도 잘 씻으면 금방 나을 거야."
"저 어제 씻었는데요!"

"그럼 아림이 잘 씻지. 근데 지금보다 조금 더 씻어봐. 그럼 간지럽지 않을 거야."
"네⋯."
"약도 꼭 바르고."

아빠의 발은 삶의 책임을 담고 있었다. 건설 현장에서 무거운 자재를 나르고, 뜨거운 아스팔트 위를 종일 서 있던 그 발. 가족을 위해 매일 집을 나서던 아빠의 낡은 안전화와 그 안에 감춰진 상처들.

오늘 학생의 작은 발을 씻겨주며, 아빠가 흘린 땀방울이 가슴에 맺혔다. 어린 시절 내가 '병원 놀이'라 여겼던 것은, 어쩌면 아빠에게는 하루의 고통을 덜어내는 작은 위안이었을지 모르겠다. 훌쩍 자란 나는 내 삶을 살고, 내 가족을 건사하느라 아빠와의 '병원 놀이'와 헐어버린 발을 잊어버렸다. 지금은 세상을 떠난 아빠. 어린 꼬꼬마, 그때의 마음이 자라지 않았다면 스스럼없이 아빠의 발을 주무르고, 더 정성껏 닦아드렸을 텐데⋯. 잊혀지고 놓치는 것들에 새삼 아쉬운 마음이 든다.

아빠의 발은 우리 가족의 길을 닦아주었던 거다. 저벅저벅 앞장서 걸으며 알 수 없는 인생과 희미한 여정을 고르고 반듯하게 터놓으려는 태초의 걸음이었다. 처음이라 힘겹고, 희미해서 아팠을 걸음. 아빠의 발에 묻은 먼지와 거친 굳은살 하나하나가, 우리를 향한 사랑이었음을 오십이 되어서야 깨닫는다.

1-4

아빠는 열 살 소년

"엄마 우리 집에 돈이 얼마쯤 있어요?"

잠자리에 누워 말똥말똥 눈을 굴리던 아들이 뜬금없이 한 질문이었다. 대수롭지 않은 질문이건만 나는 진지하게 다큐로 받아들였다. 전체 재산을 묻는 건지, 통장 잔액을 말하는 건지. 어떤 꿍꿍이가 숨은 질문인지. 녀석의 속을 가늠하며 헤아리려 했다. 가난한 내 마음은 지레 제 발이 저려 '핑' 하고 날아온 질문을 세상 진지하게 고민했다. 속으로는 그랬으나 겉으로는 가볍게 '아주 많이'라며 '퐁' 말을 던졌다. 부주의한 나의 말 한마디가 시린 결핍을 심지는 않을까 하는 조바심을 밀쳐두며. 내 나이가 아들 무렵이던 때 유사한 질문을 한 적이 있었다.

"아빠 우리 집은 왜 가난해?"

땅! 땅! 땅! 가난을 선고한 물음이었다. 우리의 가난이 아빠의 죄인 것처럼 야속한 마음이 실렸다는 걸 그는 알았을까. 사실, 남과 비교하는 눈이 없었기에 삶의 기준은 나와 우리 집이었다. 대부분 집이 우리 집처럼 사는 줄 알았다. 그러다가 〈스크루지〉 연극을 연습해야 해서 친구들 집을 돌아가며 방문하다가 우리의 처지를 알게 됐다. 친구들 집은 우리 집처럼 어둡고 습한 지하실로 머리를 구기고 들어가지 않았다. 예쁜 양옥집 1층과 2층, 반짝이는 유리 현관문으로 목을 꼿꼿이 세우고 들어가는 집이었다. 나와 다를 것 없는 같은 반 친구가 알고 보니 이웃나라 공주라도 되는 것처럼 가슴을 얻어맞는 충격이었다. 예쁘게 깎은 알록달록한 과일, 접시에 담긴 과자. 교양과 친절한 미소를 갖춘 엄마. 그건 정말 TV에서나 존재하는 장면이어야 했다. 모든 게 몽롱한 비현실적인 세상이었다.

집으로 돌아가는 길, 힘이 쭉 빠지고 속이 울렁거렸다. 황홀한 대접은 남의 식탁에 앉은 것 같아 불편했다. 내가 마주한 '새로운 세계'가 낯설어 체한 건지 모르겠다. 그때 나는 내 방은커녕 엄마, 아빠, 언니와 한방을 써야 했었다. 그 방은 상을 펴고 밥을 먹으면 식당이 되었고, 걸레질을 하고 이불을 펴면 침실이 되었다. 엄마가 불을 끄면 자야 했고, 불을 켜면 깨야 했다. 내 자유의사가 존재할 수 없는 모두의 통합 공간이었다.

세상이 불공평하다는 자각이 일어났다. '새로운 세계'는 내 세상의 많은 것을 부정하게 했다. 늘 친구들 집을 동경했고 내 방, 내 책상이 가지고 싶어 몸살이 날 지경이었다. 밤마다 우리 집이 이층집이 되는 상상을 하며 잠이 들곤 했다. 그러면서 우리 집은 어째서 친구네와 다른가. 왜 아빠는 노동일을 하고, 엄마는 공장에 다녀야 하나. 우리 집은 왜 가난한가에 대한 원인을 파고들었다. 아들의 질문은 그 시절 나와 같은 불공평을 내포한 것일까.

아빠의 답은 덤덤했었다. 삶을 받아들인 의연함인지 자포한 체념인지 알 수 없었다. 그저 『콩쥐팥쥐』 버전의 동화 같은 아빠의 이야기를 해주었다. 아빠는 한국 전쟁 때 '염병'으로 엄마를 잃어야 했다. 살아야 한다는 공포가 엄마 잃은 슬픔을 억눌렀으며 엄마가 보고 싶어 우는 여동생을 숨죽인 채 달래야 했다. 쏘아보는 사람들의 눈총이 머리에 총구를 겨누는 것처럼 두려웠다. 모두 살아남기 위해 날이 서 있었다. 살아남는 것이 삶의 목표가 되던 때였다.

전쟁이 끝나고 아빠보다 열 살 남짓 많은 젊은 새엄마가 생겼다. 젊은 새엄마는 굶주림에 배를 곯는 날이 많았다. 배불리 먹을 수 있는 곳이라 아이가 둘 딸린 홀아비와 살림을 차렸다. 욕심이 많은 새엄마는 홀아비의 자식들을 때리고 구박했다. 학교 대신 논과 밭에서 고된 일을 시켰고 홀아비 몰래 밥을 굶겼다. 어린 여동생은 매 맞는 것이 지긋지긋해 도망을 쳐, 서울 어느 집에서 식모를 살았다. 아빠도 그 집에서 쫓겨나듯 나와야 했다는 가슴 아픈 이야기였다.

아빠의 이야기를 들으니 퍼즐이 맞춰졌다. 아빠가 교육을 받지 못한 이유와 노동을 선택할 수밖에 없던 삶. 어린 나는 우리 삶에 흐르는 미묘한 기류를 알 것 같았다.

아빠를 따라 그가 지나온 삶을 걷다가 가슴에 묵직한 돌덩이가 들어찼다. 살다 보면 명백한 진실이라 해도 모르는 게 약일 때가 많았다. 전쟁의 공포, 엄마의 죽음과 보호받지 못한 유년. 이런 돌덩이라면 더더욱 그랬다. 마음만 쓰라릴 뿐 어린 내게는 어떤 위약이 되지 않았다. 아빠가 가여워 속이 상하면서도 화가 났다. 마녀 같은 할머니의 부당한 대우에 침묵하는 바보 같은 아빠. 가난의 이유를 알려다 혹을 잔뜩 붙인 격이 되었다.

아빠가 허풍이나 허세를 부렸다면 어땠을까. 우리 집이 어때서, 마음이 부자인 게 최고라든가, 곧 잘될 거라는 새빨간 거짓말처럼 말이다. 그랬다면 아들의 사소한 질문을 다큐로 받는 융통성 눈곱만한 사람은 되지 않았을까.

작년 12월 계엄이 선포되던 날, 그 밤의 공포와 불안이 떠오른다. 계엄 해제까지 몇 시간에 불과했지만 컴퓨터 화면 앞에 앉아 상황을 지켜보는 속은 '만에 하나'를 가정하며 혼란스러웠다. 국가의 안위는 물론 개인적인 안전을 보장할 수 없는 현실을 직면하고서야 전쟁의 공포를 실감할 수 있었다. 곤히 잠든 아이들을 보며 혹여 다음 날 아침, 이전의 평화를 기약할 수 없으면 어쩌나 하는 초조함에 마음이 아팠다.

열 살이던 아빠의 유년이 이랬을까. 몸소 전쟁을 겪었으며, 전쟁 후 삶의 고난을 묵묵히 관통하며 살아낸 아빠. 그의 인생을 살아보라 하면 나는 그럴 수 없을 것 같다. 가슴 가득한 공포와 상처를 담고 무던하게 살아온 그 속을 어떻게 알겠는가. 그런 아빠를 향해 말간 눈으로 왜 가난하냐며 무능을 들춰내던 나였다. 어린 내 질문은 아빠의 가슴에 얼마나 커다란 구멍을 냈을까.

나는 가난이 부끄러웠다. 가난한 것은 무능한 것이었다. 내가 본 세상은 배우지 못하고 가난한 이들에게 매섭고, 불공정했다. 사는 동안 나는 조건 좋은 친구들과 비교하며 애를 썼다. 나의 출발선이 그들보다 한참 뒤처졌기에 그 벌어진 거리만큼 만회하려고 더 열심히 발버둥 쳤다. 조금 더 배우고, 더 많이 가지기 위해. 가난한 아빠처럼 무능하지 않기 위해, 내 아이들에게 무능한 부모가 되지 않기 위해 허덕이며 숨 가빴다. 조건들로 판단하는 어리석은 셈을 당연시했다.

아빠는 초등학교도 못 다닌 가난한 노동자였지만 품위가 있는 멋진 선비 같았다. 추운 겨울이면 아빠의 노동은 긴 휴식을 맞았는데, 긴긴 겨울방학, 아빠는 우리들의 선생님을 자처했다. 벽에 걸린 달력을 떼어서는 달력 뒤 하얀 종이에 천자문을 써가며, 어깨너머로 배운 한자를 가르치셨다. 따뜻한 방바닥에 배를 깔고 엎드려 하늘 천, 땅 지, 검을 현, 누를 황을 배우던 시간이 아직도 생생하다. 우리 사남매가 태어나던 순간, 어린 시절 이야기를 해주는 아빠 목소리는 살얼음이 살짝 언 식혜처럼 얼마나 달달했던지. 배움이 짧은 아빠였지만 자녀에게 다정했고, 누구보다 삶을 충실히 살아오셨음을 이제야 안다.

1-5

고생 많으셨습니다

봄을 알리는 연초록과 꽃봉오리들이 제 생명을 뽐내기 한창이다. 볕이 좋아 집 근처 천변길을 걷고 있었다. 저 멀리 자전거를 탄 어르신의 모습에 코끝이 시큰거린다. 정수리에 끝에 하얀 모자를 걸치고 자전거를 타던 아빠가 내 일상으로 환생해 나타난 것 같았다. 건강하고 생명력이 넘치는 아빠의 모습으로. 살아계셨다면 여든 중반이 조금 넘으셨을 테다. 여든이 넘은 나이에도 건강하게 활동하는 어르신들을 볼 때면 이르게 생을 마감한 아빠의 삶이 아쉬워 한숨이 새어 나온다.

"나, 자전거 한 대 사줄 수 있겠어?"

아빠는 무병을 오래 앓으셨다. 50대의 어느 날, 무병이 찾아왔고 이 세상 아빠가 아닌 채 살아가는 날들이 이어졌다. 세상에는 다양하고 신기한 이야기들이 넘쳐난다. 책을 통해, TV 프로그램으로, 누군가의 입을 통해 등꼴이 오싹한 놀라운 이야기가 숱하다. 그러나 아빠의 무병은 흥미진진한 타인의 경험담이 아니었다. 아빠답지 않은 비현실적인 말과 행동은 혼란을 넘어 그를 두려운 존재로 만들었다. 아빠 안에는 무엇인지, 누구인지 모를 존재가 가득한 것 같았다. 그들은 시시때때로 얼굴과 역할을 달리했다. 내가 알던 익숙함을 벗는다는 건 종잡을 수 없고 예측이 불가능한 것이었다. 아빠는 점점 모호해져 갔다. 하루는 할머니가 알려주었다며 연락이 두절된 남동생의 거처를 말할 때였다. 예언하듯 단호한 어조와 사위를 꿰뚫어 쏘아보는 눈빛은 머리가 쭈뼛 설만큼 날카로웠다. 허황된 말들, 밤마다 산을 오르는 기이한 행동. 아빠는 더는 조용하고 점잖은 아빠가 아니었다.

그는 저세상의 존재들로부터 혼을 빼앗겨 사는 것 같았다. 보이지 않는 세계, 증명되지 않은 실체를 인정하고 받아들이는 것은 쉬운 일이 아니었다. 그렇다고 해서 하루가 다르게 변해가는 아빠를 눈으로 보면서 아무 일도 없는 것처럼 살 수 없었다. 분명 집 안의 공기는 무겁고 싸늘했으며 알 수 없는 존재가 주위를 감싸고 내 등짝에도 찰싹 달라붙어 있는 것 같았다. 내 마음속에 공포를 키우기 싫었으나 무형의 존재를 무시할 수만도 없었다. 대체 무엇이 아빠 안에 가득 차 있는지, 무엇이 그의 정신을 놓아버리게 했는지, 왜 현실 대신 비현실 쪽에 의식이 기울었는지 의문만 가득했다.

나는 20대 파릇파릇한 청춘을 정신이 반쯤 나간 아빠를 위해 할애했다. 정신과 진료와 심리상담, 체면 치료 등 TV에서 보거나 유명하다고 소문이 난 곳이면 아빠를 모시고 찾아갔다. 예전의 다정한 아빠로 돌아오기를 바라며 그를 구출해 내려 시도했다. 의사들은 과학적으로 설명할 수 없는 말을 아끼는 대신 잠을 잘 수 있는 약만 처방했다. 그랬다. 병원에서도 아빠의 증상과 이상 행동을 명확하게 표현하고 증명하기는 미흡했다. 물질세계 너머 다른 차원의 영역이 존재한다고 하는데, 내가 직접 경험하지 못한 미지의 영역이니 그저 내버려 둘 수밖에 없었다.

10년의 세월이 훌쩍 넘도록 아빠는 이불 속에서 병마와 실랑이를 했다. 세상을 등진 채 다른 차원 어딘가를 헤매던 아빠가 자전거 한 대를 사주었으면 하셨다. 무언가를 해보겠다는 결심과 시도가 뛸 듯이 기뻤다. 그저 이불 밖으로 나오려는 작은 꿈틀거림이 얼마나 감사하고 들떴던가. 나는 자전거포에서 제일 튼튼한 자전거를 사드렸다. 튼튼한 자전거를 타고 몸과 마음, 정신까지 튼튼해지시기를 간절히 바랐다.

세상으로 돌아온 아빠는 생기가 넘치셨다. 어느 날부터인가 자전거에 리어카를 달고, 이 동네 저 동네 다니며 거리의 고물과 박스를 담으셨다. 아름답고 건강한 움직임이었다. 시들어 가던 한 인생이 다시 피어오르는 모습이 그렇게 좋을 수가 없었다. 멍하던 아빠가 바깥 공기를 쐬고 태양 빛을 받고, 봄, 여름, 가을, 겨울을 느끼는 것 자체만으로도 좋았다.

"어제는 오천 원 벌었는데, 오늘은 칠천 원이다." 하며 환하게 웃던 아빠.

넋을 빼앗겨 접신하던 아빠를 얼마나 불러세웠던가. "아빠." 그러면 저쪽 세상의 접속을 끊고 이쪽의 내 목소리에 시선을 돌렸었다. 다시 다른 세계로 넘어가지 않도록 수시로 질문을 하며 주위를 환기시키려던 내 몸부림.

"할머니는 어떻게 돌아가셨어?"
"전쟁 때 아빠는 몇 살이었어?"

"학교는 왜 안 다녔어?"

 그렇게 나는 아빠의 과거를 여행했다. 아빠의 투병은 내가 성인이 되며 독립적인 개체로 커가는 동안 그와 멀어진 시간만큼 촘촘하게 밀도를 채우며 교감하게 했다. 병이 아니었다면 내가 오롯이 아빠의 이야기에만 집중하는 순간들이 주어졌을까. 병원 대기실에 앉아 나는 나직이 읊는 아빠의 이야기를 온 마음으로 들었다. 후회와 자책. 스스로를 궁지에 몰아넣으며 고립되어 갔던 아빠를 만났다. 모든 상황이 자신의 잘못에서 비롯되었노라 고백하던 아빠. "아빠가 미안하다." 하시던 참회의 한 마디에 가슴이 저몄다. 우리의 시간이 길어질수록 아빠는 당신이 가슴에 품은 말들을 쏟아내었다. 그 안에는 참으로 많은 사연이 담겨있었다.

 고작 20대였던 나는 아빠에게 설익은 위로라도 건넸을까. 세월이 이만큼에 이르러서야 삶이 내게 준 의미를 알 것 같다. 우리는 제 인생만큼의 무게를 짊어지고, 그 생을 책임지며 살아가야 한다는 것. 내가 나의 인생을 자분자분 살아가듯, 아빠는 그의 생을 묵묵히 살아내었다. 내가 가보지 않는 시간과 사연을 사셨던 아빠였다. 그는 주어진 삶을 포기하지 않았고, 생의 마지막까지 하늘과 자연의 순리에 순응하며 온 생을 맡겼다. 그것만으로도 그가 살아낸 삶의 가치는 충분했다.

아빠 고생 많으셨습니다.

1-6
너의 이름을 기억할게

"한상우 씨 맞습니까?"
"네? 누구요?"

동생이 세상을 떠난 지 몇 년의 시간이 흘렀다. 정확히는 세상을 던지고 홀연히 사라졌는데, 그를 찾는 전화 한 통이 걸려왔다. 마치 살아있는 사람을 찾는 것처럼. 녀석은 느닷없이 세상을 떠나던 날처럼 갑작스레 내 곁으로 날아들었다. 동생은 그렇게 부활했다. 전화를 건 이가 동생을 찾는 목적은 대출 상환금 미납으로 엄마의 통장이 압류되었다는 내용이었다. 대출금에 더덕더덕 붙은 이자까지 그가 없는 세월만큼 압류할 금액은 눈덩이처럼 불어있었다. 제1상속자는 여든 노모인 엄마였기에 아들을 찾는 낯선 이의 전화에 가슴이 철렁했을 것이다. 게다가 통장 압류라니 얼마나 노심초사 불안했을까. 엄마는 내 번호를 알려주며 이리로 전화하라고 했을 테다. 하여간 녀석은 가족을 놀라게 하는 데는 재주가 있었다. 짧은 전화 한 통이지만 그가 세상을 떠나던 날처럼 찌릿하게 정수리를 내리쳤다.

그는 젖은 날개를 펼쳐보지도 못한 채 웅크리고 있다 소멸해 버렸다. 그리고 그 삶에는 소멸의 충격만큼이나 숱한 안타까움이 묻어 있었다. 그가 살던 작은 집의 살림을 정리하고, 사회에 남겨 놓은 자취를 정리하면서 그의 짧은 생만큼 단출한 그의 궤적에 가슴이 아렸다.

"고물상에서 다 집어 가기로 했어."

엄마의 말이었다. 그의 체취와 손때 묻은 냉장고, 세탁기, 텔레비전 등 가전과 옷가지를 가져가는 대신 온갖 짐을 싹 정리해 준다고 했다. 멀쩡하던 가전 가구들은 동생의 부재로 고물이거나 쓰레기로 치부되었다. 주인 없는 동생의 소유물은 전부 천덕꾸러기가 되었다. 개미처럼 부지런히 모으고 두둑하게 쌓았던 것은 잘살고자 하는 몸짓이었다. 결국 아무렇게나 버려질 것에 우리는 집착하고 살고 있던 것일까? 허무가 일었다. 장례를 치른 지 며칠 되지도 않았는데 짐을 빼야 한다며 다음 스케줄을 비집고 들어오는 엄마. 서둘러 동생의 흔적을 치워버리는 엄마가 야속해 뾰족한 소리를 했다.

"뭐 급하다고 벌써 짐을 빼?"
"집주인이 빨리 빼달래. 사람 죽은 집이라고 소문이 더 나기 전에 수리해서 내놓는다고."

그랬구나. 세상은 이제 막 장례를 치르고 삼우제를 지낸 가족에게 동생을 추억할 시간을 주지 않았다. 차근히 유품을 살펴볼 시간 없이 트럭이 밀고 와 그의 짐을 모조리 쓸어가게 했다. 자식을 잃은 어미의 가슴에 십 원어치만큼의 연민도 없었다. 제 잇속을 위해 듣기 불편한 말들을 서슴지 않으며 집주인은 자기 목적을 위해 새끼 잃은 어미를 다그쳤던 거다.

스스로 목숨을 끊어 죽음을 선택한 삶. 그 죽음은 자연사나 병사, 사고사와 같은 죽음이 아니었다. 죽음에는 급이 있었다. 뭔지 모를 불길함과 흉흉한 기운이 짙게 내포된 눈빛. 생명을 가볍게 여기는 무책임한 처사에 대한 우려, '죽을 각오로 열심히 살지…' 통념상 붙는 나약한 인간이란 꼬리표 때문일까. 자살은 감금되어야 하는 전염병처럼 금기되었다.

1장 애도의 쓰기 55

가족인 우리에게 그의 죽음에 대한 책임을 따져 묻는다면 완전무결의 자유는 없을 것이다. 동생이 떠나 슬픈데, 애도는커녕 사람들의 핀잔이 난무했다. 누구를 향한 원망인가, 혹여 스스로 공범일지 모르는 가책인가 자책인가, 망자의 죽음을 쉬쉬 숨기며, 그를 두 번 외롭게 하는 건 아닌지…. 모든 게 뒤엉켰었다.

 '상우야. 너의 이름을 잊지 않을게. 누나가 많이 불러줄게.' 다짐했던 그날, 그 시간으로 회귀했다. 그의 영정 사진 앞에서 영원히 기억하겠노라 약속을 했었다. 몇 년이 흐른 지금 느닷없이 등장한 동생은 생생하게 활개를 쳤다. 혹여 자신을 쉬이 잊을까 미리 심어 놓은 계획 같았다. 동생의 사망신고와 상속 절차를 도맡아 했던 것은 나였다. 한 사람이 이 세상을 살다가 간 흔적은 그가 살았던 둥지만이 아니었다. 서류상 행정 절차를 지우개로 지우듯 하나씩 지울 때마다 그가 가는 길에 작은 흠집도 남지 않도록 세심했고, 신중했고, 섬세했다.

 그가 살아있을 때 써야 할 마음이었다. 세심하고 섬세하게 살아있는 한 영혼을 대해야 했다. "누나 나 힘들어." 읊조린 말에 나보다 큰 덩치만큼 강인하기를, 유쾌한 녀석이니

술 한잔 마시고 껄껄 웃어 재끼기를 바랐다. 내 편의대로 생각해서는 안 되었다. 내가 눈감은 외면은 그의 외로움에 어떤 촉매였을까. 외롭다던 그, 힘들다던 그를 보며 '설마 별일이야 있을까'하는 방관은 치졸하지만, 내 삶에 대한 연민 때문이었다. 그때 난 실패한 내 삶을 가족에게 말하지 않았다. 내가 겪어야 할 문제들이었다. 그들에게 내 삶까지 얹어 걱정 끼치기 싫었기에 팍팍한 삶에 대해 함구했다. 들키기 싫어 걸어 잠근 내 마음을 뒤늦게 고백하고 싶은 건 그를 살피지 못한 죄책감인지도 모른다.

철푸덕. 묘비 앞에 쓰러지며 아들 대신 비석을 곱게 쓸어내리던 엄마. '상우야, 잘 있니. 엄마야.' 이름을 부르며 눈물을 쏟아내던 엄마였다. 앙상하고 거친 손은 연신 풀을 뜯고 묘비를 어루만지고 있었다. 나는 늙은 어미의 애달픔이 압류된 돈 때문에 변질되지 않기를 바랐다. 병신같은 죽음이라며 더는 껄끄럽고 거슬리는 핀잔이 끼어들지 않았으면 했다. 그리움 하나만 담은 아름다운 애도를 하고 싶었다.

한상우. 동생의 마지막을 정리하며 차곡차곡 기록을 모아둔 파일철을 꺼내 들었다. 그와 관련된 기본 서류들과 사진, 그가 남긴 짧은 메모, 법원 서류, 신문 공고문까지 모조리

동생을 떠올리게 하는 것들이다. 그 어떤 것이든 눈길이 닿으면 마음은 어둠으로 가라앉았다. 그간 시선과 손길을 보내지 않은 이유도 그 때문이다. 늘 마음 한편에는 정리되지 못한 동생이 있었다. 그와 관련한 기억이나 대화는 슬쩍 피했었다. 더는 그러지 말라고 똑바로 보라고 일이 터진 것일까. 어쩌면 동생의 부활은 그의 과오를 닦고 조금의 오명이라도 바로 세워주길 바라는 내 마지막 숙제인지 모르겠다. 그의 안타까운 생과 죽음을 다시 꺼내 직면했다. 동생을 찾으며 전화를 걸었던 업체의 불찰로 일은 일단락되었다. 엄마의 통장은 압류가 해제되었고, 인출한 돈은 다시 입금되었다. 엄마의 한숨은 다시 아들을 그리워하는 애틋한 마음으로 바뀌었다. 정말이지 여러 날 시공을 넘나들며 동생은 활기차게 살아 움직였다.

내 글은 동생의 세계와 삶의 미련이 크기 때문에, 그를 부풀려 덧칠하는지 모른다. 그럼에도 내 미흡한 작문이 그를 아름답게 그려낼 수 있다면 그만한 행복도 없는 것 같다.

파일을 책상에 꽂는데 작은 사진 한 장이 뚝 떨어진다. 동생의 증명사진이다. 안 그래도 커다란 눈을 부리부리하게 뜨고 웃을락 말락 미소를 머금고 오므린 입. '이렇게 웃으며 살지 왜 갔니….' 짙은 숨을 쉬며 말없이 그를 바라본다. 나는 언제고 동생을 기억할 때면 푸르게 젊은 그를 떠올리겠지. 나의 유년에 용마산을 함께 뛰어오르던 다람쥐였던 그, 아빠를 기다리던 버스정류장, 초인종을 누르고 도망치던 등굣길의 너, 신발주머니를 빙빙 돌리다가 하얀 실내화가 하늘을 날아 깔깔거리던 순간, 놀이터 미끄럼틀을 뛰어 내려오던 자신만만 꼬마.

우리의 한 장면, 한 장면을 담으려 나는 글을 쓴다. 먼 훗날에도 문득 그가 그리울 거다. 그러면 나는 젊은 날의 동생을 애도하며 글로 우리를 이을 것 같다.

1-7

기이한 장례식

 투명한 통창 안쪽에 큰 키에 날렵한 옆얼굴은 분명 동생이었다. 반가운 마음도 잠시, 심장이 쿵쿵쿵. '동생은 죽었는데, 저이는 누구지?' 생각이 미치자 옆얼굴의 주인에게 깊게 빨려들어 갔다. 익숙하던 얼굴이 낯선 모습으로 바뀌면서 꿈에서 깼다. 가슴엔 그리움과 슬픔이 가시지 않았는데 눈이 떠졌다. 어둠이 포개진 천장을 보며 갈 곳 잃은 눈동자만 끔뻑였다. 느닷없는 조우로 아직 해소되지 않은 뒤숭숭한 감정만 어둠 속을 부유했다.

 동생이 보고 싶었다. 자갈치 한 봉지, 소주 한 병. 동생이 좋아하는 과자와 술을 바구니에 담았다. 주거니 받거니 술잔을 나누려면 술 한 병은 녀석에게 턱없이 부족할 양이다. '누나 장난해?' 능청맞은 그의 핀잔이 그려진다. 소주 한 병을 더 담아 계산을 하며, 진열대 담배에 물끄러미 시선이 닿는다.

 동생의 장례식장에 매캐하게 자욱하던 담배 연기. 무법천지, 무질서 같은 단어가 뒤섞인 장례식이었다. 영화에서나 볼 법한 장면이지만 어쩌면 가장 온전하게 동생을 나타내던 모습은 아니었을까. 이 세상을 제 방식대로 살아온 거친 삶. 그랬다. 동생의 장례에 참석한 모든 사람은 미친 것 같았다. 조문 온 친구들은 물론, 그를 보낸 모두는 각자의 방식으로 조금씩 얼이 빠져있었다. 내가 간혹 인용하는 '상식적으로'라는 말에는 맞지 않는 일들이 마구 벌어졌다.

 그들은 3일 내내 장례식장을 떠나지 않았으며 밤낮없이 술을 마셨다. 동생의 환영이 그들과 섞여 있었을까 술에 취한 혼령처럼 장례식장을 휘저었다. 입관실을 가득 채운 친구들은 가족만큼 애통해하며 슬피 울었다. 이토록 많은 사람이 에워싼 입관은 본 적이 없었다. 가족과 친척, 친구가 빽빽하게 들어찼는데, '나는 늘 외로워.' 쪽지 한 장을 남긴 동생은 말이 없었다. 이 많은 사람이 그의 죽음을 막아내기엔 무용지물이었다는 것이 아이러니했다.

"상우야, 한잔해라."

 취한 그들은 소주병과 술잔을 가지고 와서는 영정 앞을 점령했다. 술을 한 잔 따라 영정 앞에 놓고는 마치, 술상을 마주하고 앉은 사람처럼 이야기를 나누었다. 이내 보고 싶다며, 왜 그랬냐 묻더니 꺼이꺼이 울었다. 조문객이 지켜야 할 예의가 없었다. 그 행동이 기이하다는 생각이 들면서도 불쾌함보다 동생의 분방함과 닮아있어 묘하게 용납이 되었다. 자기들끼리의 의리가 우선이고 법칙이 된 무법자들. 그들은 상우의 기억을 가진 이들이며, 동생과 다를 바 없는 영혼들이었기에 거추장스러운 예의를 바라지 않았다. 세상의 시선을 아랑곳하지 않던 동생에게 나는 곧잘 훈수를 두고, 잔소리를 했었다. 내 말은 귓등으로 들으며 흘려넘기는 것을 알았지만 누나로서의 애정이었다. 누구보다 동생의 취향을 잘 아는 그들은 동생스러운 행동을 하고 있었.

 "누나, 상우가 좋아하는 건데요. 이거 놓아도 될까요?"

 자갈치 한 봉지를 사들고 와 영정 앞에 펼쳐 놓으며, 담배 한 대를 올려놓았다. 동생이 좋아하는 과자와 담배. 그래, 동생이라면 지금쯤 담배 한 대가 가장 절실할 때라는 것을 친구는 알았던 거다. 그의 죽음이 발견되고, 경찰이 현장

조사를 했다. 병원으로 이송되어 사망신고를 하고, 다음 날 입관을 하기까지 긴 시간 시달리며 동생은 담배를 한 대 피우고 싶었을 거다. 그들의 애도는 비상식적이었으나 동생을 위한 것임을 알기에 도리어 그들의 우정에 감탄했다.

동생은 열다섯 어린 나이에 집을 떠났다. 죽기 전날까지도 가족보다 친구들과 더 돈독했다. 한 집에서 나와 함께 산 15년 시간보다 친구들과 몇 배 더 많은 시간을 동고동락했다. 친구들이 입관실에서 동생을 부둥켜안고 울부짖은 건 가족 이상의 진한 사랑이 담겨서였으리라.

동생의 장례식은 내가 옳다고 여겨온 방식의 겉치레를 뒤엎었다. 사회적 약속을 잘 지켜온 나의 규칙과 상식이야말로 동생과 친구들에게 허례허식일 것이다.

"누나, 상우가요. 누나는 자기랑 다르다고 했어요. 누나는 엄청 똑똑하고 착하다고요."

부끄러웠다. 동생의 순수한 마음 앞에 고개를 떨굴 수밖에 없었다. 나는 그러지 못했으니까. 그가 늘 아쉬웠다. 중학교 중퇴의 부족한 학력, 변변찮은 직업, 방황하는 삶과 삐

딱한 사고방식이 나와 맞지 않는다는 속마음을 품고 있었다. 무엇이 그어 놓은 기준이고 잣대인지, 나와 동생을 언제부터 다른 부류로 인식한 것인지, 동생의 죽음으로 내 무서운 생각을 마주했다. 사회적 시선이 정답인 양 한쪽으로 치우친 편협함이 슬쩍 내 맘을 꿰차고 있었다. 가족 안에서도 부류를 가르고 구분하며 우열을 따지고 있었던 거다. 내가 인지하지 못하는 사이 사회, 가정, 사람들 안에서 내 생각은 사회적 약속이라는 이름으로 서로를 나누고 배척하며 분열되어 가고 있었는지 모른다. 내 은근한 시선이 동생을 외롭게 한 것은 아닐까. 따뜻하게 보듬지 못한 가시가 그를 찔렀을까. 동생의 자살은 내가 가진 생각의 위험을 말해왔다. 그를 보내고 나서야, 오염된 사고와 눈멀고 귀먹어 살아가는 나를 인지할 수 있었다.

"엄마, 과거로 돌아간다면 언제로 돌아가고 싶어요?"

간혹 아이들이 물어오는 질문이다. 지나간 시간은 되돌릴 수 없다는 걸 알면서도 어느 때로 돌아가면 내 후회가 잦아들까 떠올리곤 했다. 진지충인 나는 아이들의 가벼운 질문에도 쉽사리 대답을 못 했다. 숱한 미련이 남는 삶이어서인가보다. 진짜로, 과거로 돌아갈 수 있다면 내 동생이며, 가족인 존재 자체로만 그를 보리라.

"누나, 나 힘들어. 나 춘천 내려가서 살까?"

하던 그때로 돌아가고 싶다. 수화기 너머로 들리던 소리라 농담인지 진담인지 진심을 알 수 없어 늘 하는 우스갯소리로 넘겼다. 흘려듣던 그 말에 분명한 답을 하고 싶다.

"힘들면 내려와. 누나 집에서 쉬어. 제이, 제아가 삼촌 온다고 좋아하겠다."

큰 키에 헐렁한 티셔츠와 청바지, 크로스백을 엇갈려 매고 양손에는 자갈치를 가득 담은 과자 꾸러미를 들고 있던 너. 요란하게 자신의 등장을 알리며 "삼촌 왔다." 거실을 꽉 채우던 우렁차고 호탕하던 그 모습이 그리운 가을이다.

1-8

삶에 삼류라 말할 수 있는가

삐그덕삐그덕. 엄마의 걸음마다 관절에서는 마른 소리가 났다. 이제는 걷기도 힘들어진 몸으로 가장 화려한 꽃을 들고 동생의 추모원을 찾았다.

"상우야, 상우야 왜 그랬니…."

엄마에게 동생의 죽음은 수수께끼였다. 매번 반복되는 물음으로, 그가 생을 떠나던 그날로 돌아가 앉았다. 꾹 참으려 해도 엄마의 애절함은 함께 추모하는 모두의 눈가를 적셨다. 나의 아들은 울고 있는 나를 웃게 하려고 우스꽝스러운 몸짓을 하다가 내가 울음을 멈추지 않자 방법을 바꾸어 눈물을 닦고 안아주었다. 엄마에게는 내 아들 같은 애교쟁이가 상우였는데, 이젠 그가 없었다.

"뭐 잘했다고 꽃이야!"

 빈소를 장식할 꽃을 고를 때였다. 엄마는 세상을 등진 막내를 향해 역정을 냈다. 사진만 덜렁 놓으라는 소리는 애통한 마음의 다른 뜻임을 안다. 엄마 말대로 사진만 놓았다면 평생을 두고두고 후회할 것이 뻔했다. 지금도 화원에서 가장 예쁘고 화려한 꽃을 가슴에 끌어안았다. 여든 노모가 품은 꽃은 마치 막내아들을 품고 있는 것 같아 애잔했다. 갑작스러운 죽음이 반가울 리 없었다. 꽃으로 화려하게 장식해서 보내는 것은 이상하게 내 마음도 동하지 않았다. 제가 싫어 떠나는 길에 꽃길은 섞일 수 없는 부조화 같았다. 그저 가는 길 섭섭하지 않게 그의 인생처럼 조촐하게 장식했다.

"누나 용돈 써."

 열다섯의 그는, 열일곱의 나에게 돈을 내밀었다. 그것도 십만 원짜리 수표였다. 하얀 와이셔츠에 검정 기지 바지를 입은 낯선 모습처럼 낯설고 큰돈에 대한 금기가 감돌았다.

"됐어. 너 써."
"이런 데서 버는 돈이라서 그래?"

마음을 후벼파는 말이었다. 꼼짝없이 동생의 노동을 움켜쥐었다. 하얀 와이셔츠에 검정 기지 바지. 이 모습은 집을 떠날 때의 상우가 아니었다. 고작 한 달 남짓한 시간이 지났을 뿐인데 웨이터가 된 그는 10년의 시간을 당겨와 20대 청년을 입고 있었다. 얼굴은 동생 상우였으나 더는 책가방이 어울리는 중학생이 아니었다. 타인의 거죽을 두른 모습을 눈에 담고 있자니 애처롭고 아팠다. 울음이 나올 것 같아 목구멍은 따가운데 뭐가 상우를 위한 일인지 몰라 어떤 내색에도 서툴렀다.

 '이런 데서 버는 돈이라서 그래?' 내 눈빛이 서운했을까. 뭐였든 분명 멍하고 당혹스러움이 묻어나는 태도에 그도 마음이 편치 않았을 테다. 눈빛은 언어보다 섬세한 감정을 담기도 하니까. 낯선 이를 보는 표정과 미세한 냉소가 닿은 건 아닌지. 갑자기 어른이 된 동생에게 나는 아무것도 모르는 고등학생이었고, 술집에 출입하면 안 되는 미성년자였다. 손님은 출입 금지가 되어도, 근로자는 출입 허가가 되는 거였다. 나보다 어린 동생이 술과 안주를 나르고, 바닥을 반들반들하게 닦아야 했다. 열다섯 살의 숭고한 노동 값을 어떻게 받아들 수 있을까. '이런 데'는 아무 문제가 아니었다. '네가 버는 돈'이어서 받을 수가 없었다. 삶 앞에 10대의 우리는 무력했었다.

중학교 자퇴와 가출. 줄곧 보통의 세상과 다른 길을 걷는 그였다. 가족뿐이었을까. 타인의 시선이 부딪히는 찬기를 감내하며 홀로 외롭진 않았는지. 그때 난 음지의 세계에서 동생을 구해내고자 했으나 몽상에 그쳤다. 내 삶에 허덕이며 낙오 중이었다. 그가 일하는 호프집에서 동생의 손을 잡고 집으로 돌아오는 대신 동생이 쥐여준 돈을 들고 빈 마음으로 와야 했다. 그날 그를 데려왔더라면. 조촐하게 생을 마감하지 않았어도 됐을까. 그날이면.

여름의 열기와 땅의 습한 흙내음이 뒤섞인 나른한 오후, 내리쬐는 태양 때문인지 젖은 마음 때문인지 윙윙 어지러웠다. 주저앉아 엉엉 울던 엄마는 벌떡 일어나 툭툭 흙을 털어냈다.

"상우, 잘 봐줘요!"

아들을 부탁하는 엄마의 투박스러운 목소리였다. 아빠가 돌아가실 때, 자식인 우리 사남매는 아빠의 묫자리 옆에 엄마의 묫자리를 마련해 놓았다. 이 세상에서 다하지 못한 부부의 정을 나누며, 저세상에서라도 화해하시기를 바라는 마음이었다. 엄마를 위한 자리는 동생의 차지가 되었다. 죽음을 예측할 수 없었기에 한 선택이었다. 그렇게 아빠 옆에는 동생이 나란히 누워있었다.

"아빠, 막내아들이 못나서 죄송했어요."

한겨울, 차가운 땅속으로 아빠의 유해를 묻을 때 상우가 했던 말이었다. 아빠가 살아계실 때 전하지 못한 고백을 터뜨리며 뜨거운 눈물을 뚝뚝 떨구었다. 그의 눈물 위에 겨울의 메마른 흙이 덮이고, 다시 그의 눈물이 뒤섞였다. 상우는 꽝꽝 언 땅을 퍽퍽퍽 삽으로 치대고 두드렸다. 그만해도 된다는 사람들의 만류에도 쾅쾅 땅을 치대 밟는 것은 마지막 효도였을까. 죄 많은 자식이 스스로 주는 벌이었을까. 아빠의 묘를 떠나지 못하는 상우를 보며 녀석이 느끼는 깊은 후회가 고스란히 전해졌다. 그 마음을 알기에 가만히 두며 지켜볼 수밖에 없었다. 땅달막한 삼촌이 상우의 등을 투덕이며 "괜찮다. 이제 그만해라." 하자 새빨개진 손등으로 눈물을 닦았었지. 돌아가신 부모에게 남은 자식은 말없이 용서를 구할 뿐이다. 혼자만 죄인인 양 고개를 푹 숙이던 녀석.

그 후로 몇 해가 지난 여름. 동생은 세상을 던졌다. 갑작스러운 아들의 방문에 아빠는 어떤 심정일까. 아빠 곁에 동생을 묻으며 나도 부탁을 했었다.

'아빠, 상우 왔어요. 너무 혼내지 마세요. 아빠가 잘 돌봐주세요.'

일찍 부모를 떠나 살던 아들과 이생에서 다하지 못한 부자의 정을 나누시길. 외로운 그를 따뜻하게 품어 주시길. 나는 그렇게 믿어보기로 했다. 두 영혼은 나의 비관보다 희망을 기대할 것 같아서.

1-9
고통의 이름은 고통

여느 때와 다름없는 평범한 날이었다. 블라인드를 걷자 여린 아침 햇살이 거실로 쏟아졌다. 발이 닿는 대로 서둘러 아침을 준비했다. 입으로는 아이들 이름을 부르며 손은 바쁘게 아침 식사를 준비했다. 후다닥 식탁을 차린 후 침대에 뛰어들어 "일어나세요." 아들을 깨웠다. 이불 밖으로 다섯 손가락을 쫙 펴며 "5분만요." 하면 그 5분을 막을 방도가 없다. 아들과 달리 딸은 이미 준비를 마치고 있었다. 아침 식사를 마치고는 아이들을 차에 태워 초등학생인 아들, 그다음 중학생 딸의 학교로 향한다. 아이들이 교문 안으로 들어가면 하루 중 가장 중요한 임무 하나를 끝낸 듯 홀가분해진다.

어질러진 집 안은 아침의 흔적으로 가득하다. 식탁 위 그릇과 접시를 치우는데 현관 벨이 울렸다. 가까이 사는 친정 언니였다. 언니는 그냥 차 한 잔같이 하고 싶어서 들렀다고 했다. 자주 방문하는 언니가 아니었기에 일정이 있어 바쁘다는 말이 떨어지지 않았다. 한자리에 길게 머물러 눌러앉는 성향이 아니니 모처럼 찾은 언니에게 조금만 시간을 내어 주기로 했다. 식탁 위에 커피를 내놓고 마주 앉자, 언니는 눈치 빠르게 바쁜 일정을 알아차렸다. 빠듯한 마음과 달리 나의 입은 "시간 여유 있어. 괜찮아."라고 말하고 있었다. 그러는 사이에 휴대폰이 울렸다. 올케언니였다. 바쁜 날 두 언니의 방문에 '오늘 무슨 날인가.' 싶었다.

"아가씨, 오빠가 많이 다쳤어요."
"네? 오빠가요?"
"피를 많이 흘렸어요. 오빠 어떡해요. 아가씨. 배를 크게 다쳤대요."

올케언니는 울며 횡설수설하고 있었다. 순간 머리가 쭈뼛 섰다. '오빠 어떡해요.'라는 말에 나야말로 어떻게 해야 할지 갈피를 잡을 수가 없었다. 왜 다친 건지, 지금 어디에 있는 건지, 오빠의 상태는 어떤지 질문들이 머릿속을 떠다녔지만, 올케언니가 우는 통에 물어볼 수가 없었다. 그저 그들 곁으로 가야 한다는 생각뿐이었다. 빌어먹을 코로나 때문에

1장 애도의 쓰기 **73**

발길이 뚝 끊긴 지 오래였다. 사회적 거리두기라는 슬로건이 핑계가 되어 얼굴을 못 보고 사는 것이 당연시되었다. 더 이상 이런저런 구실로 미루기 싫었다. 무엇보다 오빠가 많이 보고 싶었다.

투박한 말씨 뒤에 숨겨진 오빠는 여린 남자였다. 세련되게 속마음을 표현하는 것을 낯간지러워했지만 그 속이 따듯하다는 걸 곁에 있는 사람들은 잘 알았다. 사람을 좋아했고 특히 친구들을 좋아하던 오빠였다. 친구들과 만나는 자리엔 항상 동생들을 데리고 다닐 만큼 다정했었다. "내 동생 예쁘지 않냐." 퉁퉁하고 못난 나를 예쁘다고 말할 때면 입을 막고 싶었다. 무엇보다 불편한 자리에 불러낸 것이 제일 못마땅했었다. 세월이 흘러서야 동생을 애틋하게 생각하는 오빠의 마음을 알게 되었지만. 남동생이 일찍 세상을 떠나고 나서 엄마와 동생들을 더 살뜰히 챙기던 오빠였다. 그가 많이 다쳤단다.

"언니, 제가 갈게요. 어디로 가요?"
"가천대길병원이요, 아가씨. 어머니께도 연락해주세요."

전화를 끊고 오전 일정, 그날 수업, 아이들 하교 등 모든 일은 중요 순위에서 뒤로 밀려났다. 붙들고 있던 일들이 한순간에 정지되었다. 그 어느 것도 오빠보다 중요한 것이 없었다. 친정 언니가 집을 방문한 것도 이 엄중한 소식을 함께 듣기 위함이었을까. 올케언니의 당부대로 오빠의 사고 소식을 엄마에게 알리고 싶지 않았다. 엄마의 감정까지 다독일 여력이 없을 것 같았으며, 막내아들을 보낸 어미의 가슴에 대못을 박는 소식을 전하기 싫었다.

"아직 수술 중이라는데 지금 꼭 가야 해?"

언니는 제동을 걸었다. 하긴 서둘러 가봐야 오빠를 볼 수 있을지 장담할 수 없는 상황이었다. 경과를 보며 면회가 가능할 때 출발해도 늦지 않을 터였다. 오빠가 세상을 떠난 것도 아니었다. 동생의 갑작스러운 죽음으로 내 머릿속은 회복보다 '죽음'을 먼저 떠올린 것이었다. 마치 당장 숨이 끊어질 것 같은 공포가 먼저 반응했음이다. 정신을 가다듬고 나는 세상의 무수한 기적들을 떠올렸다. 목숨을 잃는 게 쉽단 말인가…. 삶을 강제로 놓아버린 동생과는 상황이 다르지 않은가. 내게서 가족을 또 앗아갈 만큼 신이 그토록 가혹할 리는 없었다. 그래. 침착하게 상황을 살피고자 했다. 그러나 내 이성과 달리 나는 동쪽 끝에서 서쪽 끝을 향해 가고 있었

1장 애도의 쓰기　**75**

다. 차는 서부간선도로 위에 갇혀있었다. 4차선 도로를 가득 메운 달팽이들이 기어가고 있었다. 막히는 차 안은 몇 시간째 정적이 감돌았다. 운전하는 남편도, 나와 언니도 어떤 말도 할 수가 없었다. 나는 세상 모든 신에게 기적을 바라며 기도를 했다. '당신들은 할 수 있지 않은가!' 제발 기적을 보여주기를 꼭 살려내기를. 착한 사람은 복을 받아야 마땅하니까. 묵주 알을 돌리며 하느님, 예수님, 성모님을 부르고 또 불렀다.

그는 스물여덟 나이에 한 집안의 가장이 되었다. 몸이 편찮은 아버지를 모셨으며 결혼이 늦은 나까지 오빠의 부양가족이었다. 바람처럼 사라졌다가 나타나는 남동생도 오빠의 어깨에 매달린 무게였다. 동생은 몇 년을 나타나지 않다가도 집 안에 발을 들여놓으면 몇 달 동안 거실을 차지하고 드러누웠다. 그런 동생에게조차 싫은 내색하지 않았던 오빠였다. 장남이라는 책임은 아빠와 나 그리고 동생까지 한 가족으로 품었다. 원 가족과 자신이 돌봐야 하는 아내와 아이들 사이에서 삶의 고뇌를 혼자 짊어졌던 착한 남자였다. 중년의 나도 내 마음 하나 간수하기 힘든데, 오빠는 스물여덟 어린 나이에 온 가족을 떠맡아야 했다. 사고 전화를 받기 전까지 미처 따져보지 않은 오빠의 인생이었다. 각자의 몫을 감당하며 사는 것이 당연한 것인 줄 알았으나 그가 생의 기로에 서고 보니 홀로 짐 지우게 했던 지난날에 마음이 아팠다. 그가 빨리 보고 싶었다. 몇 시간이 지나도 같은 도로 위를 달릴 때 올케언니의 전화가 울렸다.

"네, 언니."
"저는 건희 이모인데요."
"네…. 오빠는 좀 어때요?"
"음…… 가천대병원으로 오지 마시고, 청기와 장례식장으로 오세요."
"오빠!!!"

정적이 감돌던 공기를 가득 채운 건 날카로운 통곡이었다. 신은 기어코 그를 앗아갔으며, 또 다른 시련을 보내주었다.

1-10

어떻게 떠났을까

 실선을 넘어오는 앞차를 피하려다 사고가 났다고 했다. 하필 사고지점이 지하터널 입구여서 터널 입구의 기둥을 받는 바람에 큰 부상으로 이어졌다. 오빠는 그렇게 세상을 떠났다. 한 사람의 생명은 한순간에 사라질 수도 있었다. 어떤 죽음이 가벼울 수 있으며, 어떤 죽음이 애통하지 않을까. 장례식장을 찾은 조문객은 갑작스러운 비보에 놀랐다. 어제까지 같이 있었던 사람을 하루아침에 못 보게 될 때의 황망함. 그들은 오빠의 영정 앞에 절을 하면서도 어이없는 한숨을 내쉬었다. 맞절을 하고 인사를 나누는 얼굴에서 난감한 기색이 고스란히 드러났다. 나의 마음도 그들과 같았으므로 조문하는 사람도 유족인 나도 그저 허탈할 뿐이었다.

 "얼마 전에 상은이를 만났어요."

"어제도 통화했어요."
"어제 잠깐 만났었는데…."

  조문객 대부분의 한결같은 이야기였다. 근래에 전화 통화를 했거나 시간을 내어 만났다고 했다. "사나이는 의리 아이가." 오빠가 종종 하는 말이었다. 엄마는 그럴 때마다 "그놈의 의리가 밥 먹여주냐!" 하며 등짝을 때리곤 했었다. 그러면 오빠는 멋쩍게 웃으며 엄마를 꼭 안아 상황을 무마시켰다. 의리를 지키기 위한 잦은 술자리. 사회생활을 하다 보니 어쩔 수 없는 자리라고 했지만 입바른 나는 오빠의 물러터진 성격을 상기시키곤 했었다.

  의리의 사나이여서 그랬나 보다. 장례 기간 3일 내내 빈소가 한가할 틈이 없었다. 한쪽에서는 교통사고조사 관련 소송을 준비하느라 억울한 죽음에 대한 은밀한 대화들이 오고 갔다. 미망인이 된 올케언니는 넋을 놓았다. 들어가서 쉬라는 말도 무얼 먹으라는 말도 인지하지 못했다. 그저 사고가 있기 전날, 사업장에 찍힌 CCTV 속 오빠의 모습을 보고 있었다. 스마트폰 작은 화면에 간간이 등장하는 오빠를 보며 마치 살아있는 오빠를 만지듯 화면을 어루만지는 모습은 애달팠다.

슬픔에는 위계가 있었다. 적어도 사람들의 눈에는 그러했다. 오빠를 떠나보낸 나의 슬픔은 엄마의 슬픔보다 급이 낮게 책정됐다. 아들 둘을 먼저 보내야 하는 엄마의 애통함은 누가 보아도 제정신일 수 없는 상황이었으므로 엄마의 슬픔은 나의 슬픔보다 애절하게 평가되었다. "늬 엄마 잘 챙겨라." 친지들의 말에는 나의 슬픔이 빠져있는 것 같았다. 우리 모두는 가족을 잃었는데, 자신의 포지션에 따라 더 중요한 순서대로 슬픔의 깊이를 매기는 것 같았다.

엄마의 슬픔도 올케언니의 슬픔보다 낮게 책정되는 듯했다. 스무 살에 처음 만나 쉰이 넘는 세월 동안 한 남자를 위해 헌신한 여자였다. 나는 오빠를 바라보는 올케언니의 눈빛이 너무 달달해서 다시 태어나도 오빠와 결혼을 하겠냐고 곧잘 묻고는 했었다. 내가 보기에는 얼굴이 잘생긴 것도 아니었고, 매일 술을 마셔 걱정을 끼치는 일이 잦았다. 다른 사람 만나느라 집에 소홀한 남편이 예쁠 수가 없을 거라 생각한 물음이었다. 그녀의 사랑 표현은 당당했다. 투박한 오빠가 뭐가 그리 좋을까 싶어도 매번 물을 때마다 "다시 태어나도 오빠랑 결혼하지요."라며 수줍게 웃었다. 마지막으로 물었을 때는 다음 생에는 오빠가 조금 더 부유했으면 좋겠다는 단서가 붙었지만 사람 자체를 두고 재는 일은 없었다.

그랬던 그녀는 남편을 잃었다. 다음 생까지 연을 이어갈 전부였던 반쪽을 잃은 것이다. 올케언니가 오빠를 얼마나 사랑하는지 알았기에 우리 가족이나 올케언니의 친정 가족 모두는 자기 슬픔보다 그녀를 더 염려했다.

"아가씨가 알아서 해주세요."

아빠가 돌아가시고 동생이 세상을 떠났을 때 올케언니는 맏며느리답게 모든 장례 절차를 도맡아 했었다. 나의 오빠가 세상을 떠났지만 나는 그녀의 남편을 위해 장례를 치러야 했다. 내가 사랑하는 올케언니를 위해 이번에는 내가 기운을 차려야 했다. 나는 아빠를 잃은 조카와 함께 빈소를 지키며, 내가 아는 사람들과 내가 모르는 사람들과 맞절을 했다. 모두는 오빠와 인연을 맺어온 이들이다. 오빠라면 반갑게 맞으며 술잔을 기울였을 것이다. 밤이 깊어가는지도 모른 채 술병을 들고 다니며 이 사람, 저 사람 두루두루 챙겼을 것이다. 그런 오빠를 대신해 내가 할 수 있는 건 마지막 인사를 정성껏 나누는 것뿐이었다. 오빠처럼.

'이렇게 와주셔서 감사합니다. 슬퍼해 주셔서 고맙습니다. 오빠를 오래도록 기억해주세요.'

눈물을 흘리는 이가 있으면 같이 울었다. 그들의 눈물은 미처 보지 못한 오빠의 선함을 검증받는 것 같아 더 슬피 울게 했다.

빈소에 앉아 있던 조카가 나지막하게 이야기를 꺼냈다. 먼저 질문을 하지 않으면 좀처럼 말을 하지 않아 속을 알 수 없는 아이였다. "고모, 나는 이제야 아빠가 이해돼요." 아빠가 세상을 떠나자 아빠를 이해하게 되었다는 아이러니. 조카의 한발 늦은 고백에 가슴이 아렸다. 조카는 아빠의 친구, 선후배, 지인 등 많은 사람이 그의 죽음을 슬퍼하는 것을 보며 아빠가 어떤 사람인지 알 수 있게 되었다고 했다. 그 말 안에는 아들로서 섭섭하고 외로웠을 시간이 느껴졌다. 아마도 조카는 늘 바쁘기만 했던 아빠의 등을 보며 자랐을 거다. 인식하지 못하는 사이 소원한 거리만큼 마음도 멀어졌으리라. 그렇게 서로에겐 오해가 쌓여갔겠지. 그러나 상주로 아빠의 장례를 치르며 자신이 보던 아빠의 모습 외에 또 다른 아빠의 세계를 볼 수 있었을 거다. 자신이 생각하던 무뚝뚝한 아빠의 모습이 전부가 아니었음을.

"아빠가 좋은 사람이었던 것 같아요."

오빠가 아들의 이 말을 들었으면 좋았을걸…. 그랬다면 특유의 멋쩍은 웃음을 지었을까. 좋은 아빠였기에 조카의 마음 안에 맺힌 서러움, 오해와 같은 아픈 응어리가 따스하게 녹아내렸을까.

삶은 내 계산을 비껴가는 순간이 허다했다. 그러다 엉뚱한 곳에서 삶의 의미를 깨닫는 행운을 가지기도 했다. 그 모든 게 이유가 있다지만 그 당시에는 알지 못한다는 아쉬움이 있다. 글은 그때는 보지 못한 것에 눈을 뜨게 했다. 그를, 그 상황과 사건 그리고 그 안에서 엉거주춤한 나를 되짚었다. 올케언니와 조카, 엄마를 챙기느라 내 마음을 풀어내지 못했나보다. 오빠를 떠올리니 그리움이 사무치게 차오른다.

그는 이토록 사랑하는 이들을 두고 어떻게 떠났을까.

1-11

슬픔의 값은 얼마인가

 부의금 봉투를 꺼내니 오만 원짜리 지폐가 가득했다. 백장. 오백만 원이었다. 누가 이렇게 큰돈을 낸 걸까. 이름을 보니 '김정대'. 오빠의 친구였다. 장례를 치르며 부의금을 정리해야 할 일이 종종 있었지만 이런 큰 금액은 처음이었다. 돈의 큰 액수만큼 친구를 떠나보낸 비통함이 고스란히 전해졌다.

 "남의 상갓집 갈 때마다 나는 머리를 굴렸다. 얼마쯤이어야 당신과 나의 관계를 단적으로 보여줄까. 다른 사람이 얼마나 내는지 은근슬쩍 알아봤고 보통이면 그 정도, 좀더 마음이 있으면 몇만원 더, 평생 볼 사람이면 잊을 수 없게 많이. 나는 그렇게 살았다."

『아버지의 해방일지』를 읽다가 너무나 사실적이어서 눈에 들어온 문장이었다. 나 또한 소설의 장면처럼 부의금으로 고민을 한 적이 있었다. 형편이 넉넉하다면 성의껏 주고 싶은 마음이 가득하나 주머니 사정이 넉넉지 않으니 셈을 하게 됐다. 유족과 혹은 고인과의 관계가 얼마를 더 넣을지를 결정하곤 했으니 비정한 셈이 아닐 수 없었다. 그러나 뜻하지 않게 아빠, 남동생, 오빠가 세상을 떠나면서 나는 셈하기를 멈추었다. 진심으로 애도해 주었던 이들의 따뜻함이 고마웠기에 나 또한 유가족과 고인께 그러한 마음을 드리는 것이 예의이며 위로라고 믿었다. 그럼에도 '평생 볼 사람이면 잊을 수 없게 많이'란 어느 정도일까를 생각하곤 했었다. 무형의 마음과 더불어 유형의 부의금이 더해지는 관계란 이런 것일까.

나와 오빠는 같은 고등학교에 다녔다. 나는 오빠의 후배였고, 오빠는 나의 선배였다. 그러므로 오빠의 친구는 나의 선배였고, 나의 친구는 오빠의 후배였다. 오빠에게는 희한한 장점이 있는데 사람을 가르지 않고 통합해 버리는 것이다. 본인 친구와 내 친구가 어느 순간 오빠 동생이 되어 있는 친화력을 갖게 했다. 자연스레 나는 오빠의 친구들과 편하게 지냈고, 그들은 나를 친동생처럼 아껴주었다. 세월이 몇십 년이 흘러 중년이 된 나이에도 오빠는 친구를 만나고 있다가 나에게 전화를 해서 시간을 과거로 돌리곤 했다. 이쪽 나의 상황은 아이가 자고 있거나, 집안을 치우느라 분주하거나, 남편이 같이 있어 전화 받기가 불편한 상황이 대부분이었다. 하지만 이런 상황은 아랑곳하지 않고 함께 있는 친구에게 수화기를 넘겨주고는 했다. 그럼 나는 속이 울그락불그락 하면서도 오빠의 얼굴을 생각해서 그 옛날의 나로 돌아가곤 했었다. 정대 오빠도 그렇게 통화를 하곤 했었다. 소소한 안부를 묻는 것으로 긴 세월을 갈음하며 끝에는 "어, 오빠가 춘천 한 번 놀러 갈게." 하며 전화를 끊고는 하였다. 의례 하는 보통의 인사로 여기며 나도 "다음에 봐요."라며 말하곤 했다.

6월의 나른한 토요일 오후. 활짝 열린 창문으로 부드러운 바람이 솔솔 불어왔다. 바람은 커튼을 흔들고, 화분의 이파리도, 현관의 풍경도 은은하게 흔들었다. 조용하고 평온한 순간 낮잠이나 한갓지게 잤으면 딱 좋은 때였다. 찰나의 졸음을 초대해도 좋은 달콤한 시간이었다. 잠으로 빠져들려는데 오빠에게서 전화가 왔다.

"나다. 뭐하냐?"

"그냥 있어."
"나, 지금 춘천인데 나와라."
"춘천이라고?"
"정대도 같이 왔다."

깊은 한숨과 함께 잠이 번쩍 깼다. 두 사람은 청계산 등반을 할 예정이었단다. 그런데 오빠의 무릎이 말썽이라 등산을 취소하고 춘천행을 택했다고 했다.

"너희 오빠 연골 다 닳은 거 모르지?"

정대 오빠의 말이었다. 모르는 이야기였다. 오빠는 들소처럼 운동장을 뛰어다니는 사람이었다. 축구를 무척 좋아했고, 또 꽤나 잘했다. 비가 오나 눈이 오나 축구를 거르는 일이 없었다. 다른 지역으로 이사를 해도 그 지역 조기 축구를 찾아가 가입하는 일을 우선으로 했다. 소도시에 살면 텃세가 있기도 한데, 워낙 실력이 좋아서 조기 축구에 가입하면 바로 에이스로 등극을 했다. 오빠가 경기를 뛰는 날은 오빠 팀이 이기는 날이고, 오빠가 경기를 뛰지 않으면 그날은 오빠네 팀이 지는 날이었다. 팀의 승리를 위해 사명감을 가지고 경기를 뛰던 사람이었다. 같은 팀은 물론 상대 팀도 오빠를 알아볼 만큼 눈에 띄는 실력이었다. 나와 봉사활동으로 인연이 있던 지인도 축구를 통해 오빠를 알고 있었다. 너무 잘 뛰어 눈여겨봤던 선수였다고. 그가 나의 오빠였냐고 확인하는 물음에 세상 좁다고 생각했던 적이 있었다. 오빠가 축구를 얼마나 좋아하는지 올케언니에게 들었던 황당한 질투를 잊을 수 없다. 연애 시절 가까운 교외로 둘만의 여행을 떠났을 때, 새벽에 오빠가 사라졌다는 것이다. 조기 축구를 하기 위해 여자 친구가 자는 새벽에 몰래 경기를 뛰러 갔다는 일화를 말하며 축구가 나보다 좋냐며 눈을 흘기기까지 했다. 축구 때문에 멀리 여행을 가는 일은 상상하지도 않았지만 어쩌다 떠난 여행에서까지 축구라니 이해할 수 없는 일이었다. 두 아이의 태교도 학교 운동장이었고, 아들이 태어나고 걷기 시작할 때부터 매주 축구장을 데리고 다녔다. 아들은 아빠처럼 축구공을 사랑하지 않아서 오빠는 진심으로 허무해하던 기억이 잊히지 않는다.

'선수도 아닌데 연골이 닳다니….' 선수들 무릎은 남아나지 않겠네 싶으면서도 몸을 아끼지 않더니 결국은 무릎이 상해버렸다는 것이 안타깝고 은근 부아가 나기도 했었다. 오빠의 몸 상태를 일러바치며 정대 오빠는 내 오빠의 어깨를 툭 치며 "늙으면 산에 같이 가겠나?"라며 남자들 특유의 방식으로 걱정하며 말을 했었다. 오빠는 "걱정마, 줄기세포면 다 돼."라며 기술력이 좋아 문제 될 것이 없다고 안심을 시켰다.

그날, 두 사람이 주고받는 대화가 듣기 좋았다. 나는 고등학교 친구들과 연락이 끊긴 지 오래인데 두 사람의 꾸준한 인연은 정말이지 영원할 것 같았다. 나중에 등산을 함께할 두 사람의 지긋한 모습을 떠올리니 부럽기도 했다. 그러나 걱정 말라던 오빠는 등산을 함께 하자는 약속을 지키지 못했다.

친구의 죽음에 그가 할 수 있는 일은 조의금을 두둑이 넣는 것이었다. 돈 안에는 그와 함께했던 오빠, 또 과거의 시간과 앞으로 함께 할 일들이 가득 담겨있는 것은 아니었을까. 고등학교 1학년 열일곱에 만나 쉰이 넘는 나이까지 그간의 세월이 묵묵히 배어있으며, 주말마다 산 타러 다니자던 못다 한 약속이 애달프게 묻어 있었다. "너희 오빠 무릎 연골이 다 닳아서 산도 못 타."라며 소소한 신변을 알리며 초로의 몸 상태를 전하던 정대 오빠. 친구의 걱정을 재우듯 줄기세포니, 바이오니 가져다 쓰며 의술로 해결된다던 아무렇지 않게 한 그날의 다짐들. 3일 내내 장례식장을 지키던 정대 오빠의 붉은 눈동자는 입으로는 말하지 못한 추억을 말하고 있었다.

오빠를 보내며 그가 진심으로 사람을 좋아했구나. 참 부지런히 소통하고 열심히 관계를 챙기며 지낸 흔적을 마주했다. 그랬었다. 나에게도 내 남편에게도 조카인 우리 아이들에게도 곧잘 전화를 걸었으며, 엄마는 물론 이모와 삼촌들에게도 지치지 않고 연락했었다. 그는 사랑을 나눠야 할 것 같으면 서슴없이 전화를 걸어 근황을 묻고 잘 지내라는 응원을 했다.

나는 몰랐다. 그것이 사랑인 줄을. 그가 세상에 있을 때는 그의 사랑을 깨닫지 못했다. 그가 없으니 소소한 전화 한 통, 잔소리 한 마디가 몹시 그리웠다. 그의 깊은 사랑을 몰라줘서 가슴이 아리다. 그의 사랑을 가볍게 흘려보내 미안했다.

1-12

진한 사람 향기

　새 학기가 되면 나는 아이들의 자습서와 문제집을 준비해서 가지런히 책장에 꽂아 둔다. 한 학기 동안 아이들이 배우고 익히는 데 필요한 것을 미리 준비해 놓아야 마음이 든든했다. 내가 아이들을 위해 애쓰는 품과 달리 미처 다 풀지 못한 문제집을 발견하곤 한다. 그럴 때면, 종이도 아깝고, 돈도 아깝다며 열심히 하지 않은 아이들을 채근하게 된다. 간혹 주변의 현명한 부모들이 문제집을 다 풀면 책거리를 해주며 독려를 한다기에 몇 번 따라 해보기도 했다. 그 방법은 효험이 있었다. 기특하게도 아이들은 문제집 한 권을 다 풀어내었고, 나는 아이들의 요구대로 피자나 치킨으로 가족 책거리를 하곤 했다. 그러다가도 자기 자신을 위한 공부인데, 내가 사정하며 공부시키고, 보상까지 해줘야 하는 것이 은근 심사가 꼬이기도 했다. 배가 불렀다며.

내가 고등학교에 입학하던 3월이었다. 부모님은 상업고등학교에 진학해서 은행 같은 번듯한 직장에 취업하기를 바라셨다. 돈은 어려운 형편을 벗어나는 탈출구였기에 취업은 빨리 풍족해질 수 있는 길이었다. 부모님에게 은행은 최고의 직장이고, 딸에게도 안정적인 곳이었을 테다. 아빠처럼 여름이면 덥고, 겨울이면 추운 곳에서 일하지 않아도 됐고, 엄마처럼 공장에서 먼지를 뒤집어서 쓰지 않아도 되는 곳. 그러나 나는 상업고등학교를 가지 않고 인문계 고등학교에 진학했다. 부모님의 실망감은 상당했다. 마치 좋은 혼처 자리를 다 내치고 가난뱅이 남자와 결혼이라도 하는 것처럼 처량한 마음을 내비쳤다. 혼자만의 조촐한 입학식을 치르며 처연하게 집으로 돌아왔다. 나는 대학 진학을 선택한 내 판단이 옳음을 증명하고 싶었다. 그 방법은 공부를 잘하는 것이고 떡하니 대학에 입학하는 것이었다. 나는 야무진 포부를 아빠에게 알렸다.

"아빠 나 공부 잘하고 싶어. 참고서 사서 공부해야 하니까 돈 주세요."

단박에 돌아온 아빠의 대답은 "돈 없어."였다. 하긴 우리 집은 늘 가난했다. 그래서 나는 무엇을 사기 위해 돈을 달라고 해본 적이 별로 없다. 한 번은 미술 시간에 크리스마스 종 만들기를 할 때였다. 나는 컵라면 용기로 종을 만들면 예쁠 것 같았기에 엄마에게 준비물을 사게 300원을 달라고 했다. 역시나 "돈이 어디 있어." 엄마의 답은 무참했다. 준비물을 챙기기 위해 몇 시간을 졸라대며 겨우 돈을 받아내기는 했지만 우리 집에서 돈을 받아내기란 매우 지난한 일이라는 걸 알았다. 그럼에도 공부를 하겠다고 하면 협조적인 아빠였기에 은근히 기대를 품었다. 그런데 단칼에 돈이 없다고 하니 속이 상했다. 그러나 열의가 불타올랐으므로 포기할 수 없었다.

"전 과목 다 안 사도 되고, 국·영·수와 주요 과목만 살게요."

눈치를 보니 씨알이 안 먹힐듯한 표정이었다. 기회를 놓칠세라 다시 흥정해 동대문에서 헌책을 사보겠다는 조건을 내걸었다. 그 정도의 지출은 허락되었다. 돈이 없다는 아빠는 재킷 안 주머니에서 지폐 뭉치를 꺼내 만 원짜리 두 장을 내어 주셨다. 나는 아빠에게 이만 원을 받아 신나게 집을 나섰다. 사실, 친구들 부모님은 공부를 하겠다면 따지지 않고 참고서를 사주거나 독서실을 끊어주었다. 공부에 흥미가 없는 친구조차 억지로 독서실에 보내졌다. 그런 친구들은 다니기 싫다며 투정을 부렸지만, 그때마다 내가 대신 다녔으면 하는 마음이 들어 친구들이 부러웠다. 어쨌든 나는 그 아이들과 사는 형편도, 자식에 대한 대우도 달랐기에 현실을 받아들이고 있었다. 다행히 내가 그럭저럭 상황을 잘 버틴 것은 친구들보다 공부를 잘했고 등급이 높았기 때문이었다. 알량하지만 그녀들보다 나은 성적 하나로 기죽지 않으며 버텼는지도 모른다. 괜한 곳에 마음 뺏기느니 이만 원이면 충분히 내가 사고 싶은 참고서를 살 수 있다는 데에 의미를 두기로 했다. 목적이 공부를 잘하는 것이었으므로 무기를 장전하기 위해 바로 헌책방으로 향했다.

우리 집 묵동삼거리 버스정류장에서 10번 버스를 타면 종점인 동대문까지 갈 수 있었다. 나는 버스 종점 여행을 좋아해서 버스를 타고 한 바퀴 휙 돌아오고는 했었다. 10번 버스는 청량리, 청계천, 동대문을 한 바퀴 도는 코스였는데, 그때마다 청계천 거리에 가득한 헌책방을 봐와서 그곳에 많은 책이 있음을 알고 있었다. 헌책방이 보이면 종점이 다 왔다는 신호여서 10번 버스는 무언가를 상상하기에는 시간이 너무 짧다고 느끼곤 했었다. 반면 235번 버스는 동호대교를 건너, 테헤란로를 질주하며 강남, 잠실, 가락시장을 도는 버스였다. 일요일 한가한 오전에 235번 버스를 타면 강남과 잠실의 으리으리한 고층 건물을 구경할 수 있었다. 내가 크면 저런 높은 빌딩에서 일하는 사람이 되고 싶다는 꿈을 꾸기도 했었다. 이런저런 생각을 하는데 헌책방이 보였다.

첫 번째로 보이는 헌책방을 쭈뼛거리다 들어섰다. 주인아저씨께서 고등학교 1학년 참고서를 골라 이것저것 가져다주셨다. 누렇게 바랜 책도 있고, 그중에는 제법 깨끗한 책도 있었다. 대체로 앞부분만 조금 푼 흔적이 있고, 뒤는 깨끗한 책들이 많았다. 내 참고서들도 대부분 그랬는데 나는 헌책방에 내다 팔 생각을 못 했었다. 헌책을 뒤적이며 생각 없이 내다 버린 내 책들이 아까웠다. 다른 헌책방을 더 둘러보았으나 사정은 비슷했다. 깨끗하면 책값이 비쌌고, 많이 누런 책은 더 쌌다. 생각보다 소득이 좋아 이만 원으로 국어, 영어, 수학, 과학뿐만 아니라 두어 권 더 살 수 있다는 마음에 기뻤다. 돌아오는 길에 조금 남은 돈으로 포장마차 토스트를 먹었는데 어찌나 고소하고 맛있던지 이만하면 운수 좋은 날이라 할 만했다. 집으로 돌아오는 버스 안에서 나는 기분 좋은 상상을 했다. 헌책 앞쪽에 샤프로 풀었던 자국을 지우개로 지우면 깨끗하게 지워질 것 같았다. 그러면 새 책이나 다름없다는 상상.

그날 저녁 집에 돌아온 나는 소리소리 지르며 울어댔다. 아들과 딸에 대한 차별과 아빠에 대한 배신감에 마음은 서글프게 무너져 내렸다. 분명 나에게는 돈이 없다고 했던 아빠였다. 그러나 그날, 아빠는 대학 입시에 떨어진 오빠를 신설동 재수학원에 등록했다. 더구나 학원비는 엄청 비쌌다. 오빠의 방에는 빳빳한 새 책들이 즐비하게 늘어져 있었다. 새 책을 보자 몇 시간 동안 동대문 헌책방을 돌아다니며 발품을 팔았던 내가 너무 초라하고 불쌍했다. 이 집에서 나의 가치는 이만 원짜리 같아 비참했다. 이만 원을 받기 위해 내 기대를 헌책으로 낮추고 깎으며 투쟁을 해야 했는데, 오빠에게는 학원비, 등록비, 교재비까지 펑펑 쓸 수 있는 아빠가 너무 미웠다.

오빠는 뭐든 쉽게 가졌다. 내가 독서실에 가고 싶다 해도 안 되는 일을 오빠는 척척 받아먹었다. 단과 학원에서 수학 과목, 한 과목만이라도 듣고 싶다고 해도 하늘의 별 따기처럼 난관을 여러 단계 걸쳐야 겨우 허락이 되었다. 그러나 오빠는 재수, 삼수까지 투자를 받았다. 나는 모든 혜택이 자연스레 주어지는 장남의 자리가 부러웠다. 아무 걱정 없이, 편안하게 공부를 할 수 있는 오빠를 질투했다. 내가 가지고 싶은 것을 쉽게 가진 사람. 나는 오빠에게 내가 받는 불합리한 대우와 억울한 차별을 토로하고는 했었다.

 그러나 운명은 얄궂었다. 나에게 한과 분노가 뒤섞인 그 날. 그는 재수하기를 원치 않았노라 고했다. 아빠의 강요와 기대로 재수학원에 끌려갔으며 자신 없는 공부를 해야 하는 부담을 털어놓았다. 무엇보다 고생하는 부모님을 보면 책상에 앉아 편하게 공부하는 게 힘들다고 했다. 아빠, 엄마의 기대와 사랑을 한몸에 받는 게 왜 부담이 되지? 내가 든든한 지원을 받아본 적이 없어 삐딱했던 걸까. 부담스럽다는 말이 이해되지 않았다. 세상에 태어나니 엄마, 아빠에게는 장남인 오빠가 있었고, 딸을 낳고 싶어 했을 때는 언니가 태어났다. 셋째를 임신하고는 아들이면 좋겠다고 생각했는데, 내가 태어났다. 어릴 적에 엄마는 "너가 아들이면 했는데, 딸이 나왔지. 그래서 상우를 하나 더 낳았어."라고 말하곤 하셨다. 어린 나는 그 말을 들을 때마다 내가 딸로 태어나서 나를 미워할까 조바심이 났다. 아들이 아닌 것에 대한 묘한 죄책감과 엄마에게 아쉬움을 안긴 딸이라는 피해의식은 아들 같은 딸이 되어야 한다는 강박을 가지게 했다. 존재 자체를 환영받지 못한 딸이라서였을까 사랑도 받고, 지지를 받는 다 가진 오빠의 말이 그저 허울 좋은 변명이고 구차한 소리로 들렸다.

성인이 되고, 내가 부모가 되어서도 동대문 헌책방과 신설동 재수학원 일화는 우리 가족의 단골 레퍼토리였다. 나는 내가 받지 못한 것에만 집중했었다. 나의 아쉬움을 담은 말이 아빠와 오빠에게 미칠 영향을 생각하지 못했다.

세월이 흘러서야 내 눈에 오빠의 진심이 보였다. 그는 더 가까이에서 부모님의 고난을 목격하고 있었는지 모른다. 여리고 심성 착한 오빠가 그 고난을 함께 나누어서 지고 싶은 마음이 어찌 없었을까. 온 힘을 다해 부모를 기쁘게 하고 싶었으나 미약한 그는 자신이 그럴 만한 아들이 못 되는 것을 진작 알고 있었다. 장남으로서 알만한 명문 대학을 나와 집안을 일으키길 바라는 부모님의 기대는 가난한 집 안에서 용 한 마리가 승천하길 바라는 것이었다. 그 시절 우리네 부모님은 그런 희망으로 아들을 키웠을 것이다. 오빠는 부모의 기대에 못 미치는 무능한 자신을 자책하고 부정했을까. 한 아이로 태어나 장남으로 길들여지는 과정은 자신을 잃어가는 슬픔인지도 모른다. 언젠가 오빠는 '너가 했으면 더 잘했을 텐데, 내가 너의 기회를 막은 것 같아 미안하다.'라고 했다. 더 훗날에도 오빠는 내가 잘됐어야 했는데 못나서 미안하다고 했다. 그는 가족의 삶을 관통하며 안쓰러운 시선을 보내왔었다.

오빠의 잘못이 아니다. 사회가 그런 사회였다. 아들이 귀했고, 딸은 소원하던 시대. 안타깝지만 나는 그런 시대에 태어났고, 사람들은 그런 시대사상에 길들어 있었다. 오빠가 실패한 것은 대학 입시 하나였는데, 온통 자신의 부족을 보고 있었다. 돌아보니 그는 가족을 끔찍이 사랑한 한 구성원이고, 더 많은 책임을 지워 낸 장남이었다. 내가 갖지 못한 것을 그가 가졌다는 이유로 그가 나에게 빚을 진 것은 아니다. 그러나 착한 오빠는 시기하는 나를 보듬으며 길이 달라야 했던 운명을 위로했다. 많이 미안하다고.

글은 가볍게 놓친 시간을 회상하며 오빠라는 사람의 진한 향기를 맡을 수 있게 했다. 무엇보다 아픈 아빠를 대신해 아빠의 역할을 해준 그에게 큰 사랑을 받았다는 진실을 마주하게 했다. 글이 주는 벅차고, 행복한 순간이다.

오빠, 잘 살아주어서 감사합니다.

2장

고난의 쓰기

2-1

있는 그대로의 온전한 수용

"철이 빨리 들었어요. 부모님 속 썩이는 일도 별로 없었고요. 엄마는 자기 일을 알아서 척척 잘한다고 좋아했어요."

상담을 받으며 나에 대해 했던 말이다. 나는 부모님을 편하게 한 괜찮은 인간군상으로 자찬하며 속으로 으슥했다. 상담사의 미묘한 표정을 보니 나의 이야기는 정답과 거리가 멀어 보였다. 보통의 세상 사람은 속이 깊고 잘 성장한 나를 칭찬했을 텐데, 상담사의 반응이 의외라 갸우뚱한 건 나였다. 상담사는 매번 내 답변에 절레절레 머리를 흔들었다. 나는 내 답이 정답이길 바랐고 그녀는 나를 인정해야만 했다. 그러나 상담사는 "아니요. 본인 감정을 말해 보세요."라는 말을 했다. 내 무의식엔 내 말이 옳지 않다는 상담사에게 저항감이 커지며 은근한 힘겨루기를 하고 있었다.

"힘든 일 있을 때, 편안하게 말할 사람은 있어요?"
"……"

 짧은 순간 내 곁을 함께했던 많은 얼굴이 스쳤지만, 딱히 이렇다 할 '누군가'가 떠오르지 않았다. 내 속 이야기를 잘 말하는 편이 아니었다. 힘든 일쯤이야 거뜬히 이겨내는 씩씩한 사람이어야 했다. "눈물 뚝! 씩씩하지!" 어려서부터 듣던 말은 내 정체성 형성에 한몫 거들었다. 물론 누군가에게 기대고 싶은 마음이 없는 것은 아니다. 간혹 푸념이라도 나누고파 전화기를 들기도 하지만 푸념도 의외의 용기가 필요했다. 전화기를 꺼내 빽빽하게 들어찬 전화번호부를 스크롤 해도 마땅히 전화할 곳이 없었다. 이 사람이면 괜찮을까? 싶다가도 '아니야. 바쁠지도 몰라, 괜히 어려운 이야기로 마음 어수선하게 하지 말자.' 단념하며, 나보다는 상대를 먼저 생각했다. 핑계도 다양했는데, 누군가는 나보다 여린 사람이라 안 되었고, 또 누구는 내 고통을 얕고 가볍게 볼까 봐 싫었다. 상대의 위로가 비수가 되면 더 참담하지 않겠는가. 나는 어떤 이유를 붙여서라도 내 힘든 상황을 전하지 않았다. 그럴 때마다 '그래, 인생 혼자 헤쳐나가는 거야.'라며 독립 뒤에 숨어 고독했는지도 모르겠다.

"수용 받아 본 경험이 없어서 그래요. 떼 부려 봤어요?"

 떼를 부려봐야 득보다 실이었다. 혼이 날 게 뻔했으므로 어느 순간부터 말이고 감정이고 삼키고 말아버렸다. 나는 철이 빨리 들거나 마냥 착한 아이가 아니었을지도 모른다. 감정을 수용 받은 경험이 없어서 힘들다, 외롭다, 징징거리며 떼를 부리지 못한 거였다. 그래, 어쩌면 거부 당하는 것에 대한 두려움일 수도 있다.

 엄마. 엄마는 늘 바빴다. 아침이면 자식 넷의 도시락을 싸 놓고 면목동에 있는 방직공장으로 출근했다. 묵동인 우리 집에서 면목동 공장까지 가려면 버스를 두 번을 타야 했다. 요즘처럼 버스 환승이 되었으면 부지런히 버스를 갈아타고 다녔을 텐데, 엄마는 버스 토큰 하나를 아끼려고 두 번 타야 하는 버스를 한 번만 탔고, 나머지 한 번은 네 바퀴 대신 두 다리로 걸어 다니셨다. 다리가 쑤시고 고단해도 수중에 남는 토큰 하나에 행복해했다. 1980년대 대한민국 방직공장의 기계는 쉴 틈이 없었다. 엄마도 기계처럼 야근에 철야까지 해야 했다. 방문 틈으로 새어드는 불빛이 잠깐 켜졌다 꺼지면 어느새 엄마는 출근하고 없었다. 몸이 녹아내리도록 일을 했고, 그 보상으로 누런 월급봉투가 도톰해지는 것에 가치를 두는 생활력이 강하고 억척스러운 분이셨다.

어린 내 눈에 돈은 엄마를 잘도 웃게 했다. 돈에 대한 엄마의 집착이 커질수록 엄마의 얼굴을 보는 날이 줄어들었다. '귀한 내 새끼' 같은 살가운 표현을 받아본 적이 없음에도 나는 왜 그토록 엄마가 그리웠는지….

아홉 살 어느 날, 학교가 끝나고 집에 왔는데 엄마가 없었다. 안방, 건넌방, 부엌문을 열며 "엄마, 엄마!" 불러도 대답이 없었다. 늘 있던 엄마가 없는 집은 어둡고 습한 동굴이었다. 옆 방 아주머니가 "너희 엄마 일 갔어. 놀고 있으면 저녁 때 올 거야."라며 엄마의 근황을 알렸다. 그날 나는 하염없이 엄마를 기다렸다. 친구들과 골목에서 놀 때면 날이 금방금방 캄캄해져서 '밥 먹어라. 얼른 들어와라.' 쩌렁쩌렁한 엄마 목소리가 끊이지 않았었다. 그러나 엄마를 기다리는 몇 시간은 하루가 백 년 같았다. 엄마가 어디로 일을 가는지, 몇 시에 집에 오는지 옆 방 아줌마에게 말한 것처럼 알려주었다면 하염없이 쓸쓸하지 않았을 거다. 마당에 걸터앉은 나는 마치 버려진 아이처럼 울고 싶었다.

저녁 어스름이 되어서야 엄마가 돌아왔다. 마당을 들어서는 엄마의 모습은 달처럼 빛이 났다. 너무 그립고 반가워 엄마를 와락 안았다. 엄마는 거추장스러운 사람을 떼어내듯 나를 품에서 떨구고 부랴부랴 저녁 준비를 했다. '엄마 없이도 잘 있었냐'며 마음을 어루만져 줄 것을 기대했던 내 마음은 와장창 깨졌다. 무안한 마음을 억지로 달래보려는데 '숙제도 안 하고 뭐 하고 있었냐'는 핀잔까지 더해져 내 일도 못 하는 쓸모없는 아이처럼 여겨졌다. 내 설움은 마른 낙엽처럼 쓸쓸히 나뒹굴었다.

중학교 1학년, 처음으로 생리를 할 때도 그랬다. 나에게 일어난 생소한 첫 경험이 은밀하고 조심스러웠다. 생리대를 채워야 하는 것을 인지하지 못해 임시방편으로 휴지를 덧대었다. 인생에서 처음 겪는 모든 것은 다음 상황을 예측할 데이터가 없게 마련이다. 초경의 흔적이 붉어지자 나는 엄마에게 내 소식을 알렸다. 엄마는 짜증스러워했다.

"너희 언니는 중학교 2학년 때 했는데, 너는 왜 이렇게 빨리해! 이그!"

내가 원하는 대로 조절할 수 있는 일이 아니지 않는가. 엄마의 말에 나는 무안하고 수치스러웠었다. 그랬다. 엄마는 내 신변을 위해 손 한 번 더 가는 것이 인색할 만큼 삶의 여유가 없는 사람이었다. 친절하지 않은 엄마도 엄마는 엄마인 거였다. 내 호르몬의 생경함은 같은 여자인 엄마에게 감성적인 공감을 받고 싶었다. 앞으로는 몸가짐을 조심해야 한다는 따뜻한 조언을 듣고 싶었는지 모른다. 낯선 경험으로 나는 울적했고, 나에게 다가온 첫 경험에 엄마가 든든하게 지지해 주기를 바랐다. 아침에 한 소리 들었던 억울한 핀잔은 안중에 없고 수업 내내 엄마가 그립고, 보고 싶었다.

저녁 식사 후, 엄마가 설거지를 하고 있을 때였다. 무척 쑥스러웠지만 "엄마, 오늘 엄마가 보고 싶었어." 용기 내었고 등 뒤에서 엄마를 안았다. 앙칼진 목소리는 "다 큰 게 징그럽게 왜 이래!"였다. 부끄럽고 참담한 순간이었다. '엄마가 뭐 이래!' 빽빽 소리라도 질렀으면 덜 무안했을까. 내 빨간 변화의 순간 엄마의 다정함을 기대했으나 무참히 꺾였다. 내 수줍은 용기는 검붉게 죽어갔다.

상담사의 말처럼 나는 수용 받지 못한 경험이 많았다. 그래서일까 나를 터놓는 대신 혼자 끙 앓는 것일지 모른다. 그래, 아쉽지만 나는 표현이 투박하고 서툰 우리 엄마의 딸이었다. 먹고사는 현실 앞에 낭만이 끼어들 틈이 없던 엄마가 내 엄마였다. 엄마는 눈앞에 놓인 의식주, 그 하루하루의 숙제를 끝내며 그날의 안녕이 먼저였을 뿐이다. 누구의 상심을 눈여겨볼 세심함도 체력도 없었을 것이다.

오십의 나는 그 시절이 조금 아쉬웠을 뿐이라고 '점'을 찍어 본다. 내게 아쉬운 그 '점'으로 인해 나는 씩씩한 사람이 되었고, 엄마와 다른 엄마가 될 수 있지 않았던가. 수용 받지 못한 경험은 나를 다정하고 따뜻한 엄마로 만들었다. 내게 있어 이해와 공감은 삶의 아픈 경험과 덜 채워진 부족함에서 나오는 오지랖일 수 있다.

나는 내 모자란 한구석 한구석을 글로 채우고 있다. 내가 보지 못한 면면을 살피고 뾰족하게 부르튼 오류투성이를 바로잡으면서 말이다.

2-2

가난이 준 유산

  쌀통을 박박 긁어 담으니 두 컵이 겨우 나왔다. 두 컵이면 아이들과 내가 하루 동안 먹을 양으로는 빠듯하다. 세 컵은 되어야 넉넉하게 먹을 양이 되었다. 포대에 남은 쌀을 쌀통에 쏟아붓다 말고 쿠팡을 열었다. 깜빡 잊으면 마트에서 쌀을 사야 하는데, 20킬로 쌀 한 포대를 사고 나르는 일은 만만치 않다. 주문목록을 열어 지난번에 구매한 쌀을 장바구니에 담는데 가격이 더 올랐다. 훌쩍 값이 오른 쌀 대신 새로운 쌀을 검색하며 쌀 사기가 참 쉽다는 생각이 들었다. 내 입맛에 맞는 가격대와 다양한 품목, 게다가 현관 앞까지 배달이 가능한 편리함까지.

  초등학교 5학년부터 고등학교 2학년까지 은옥이라는 여자아이네 집에 살았다. 한 집에 칠 년을 살았으니. 18년 인생 통틀어 가장 오래 살았던 집이다. 이사를 많이 다니며 살면서도 '누구네 집'하면 이름이 기억나지 않았는데, 유독 은옥이네 살 때만은 기억이 또렷하다. 밤마다 부모가 싸웠고, 오빠의 담임선생님이 가정 방문을 왔으나 부모님은 만나지도 못하고 오빠에게 훈계만 하고 돌아갔던 장면. 언니가 멀리 산업체 고등학교로 떠나야 했던 집. 동생이 가출하고, 엄마가 집을 나가 나만 혼자라는 그림자가 남아서였을까.

제법 쌀쌀하던 가을밤, 퇴근해 들어오던 엄마가 다급히 집을 나섰다. "엄마 어디가?" 대답도 하지 않는 엄마를 쫄래쫄래 따라나섰다. 엄마가 빠르게 걸어간 곳은 쌀집이었다. 퇴근하며 사 왔어야 하는 것을 잊은 모양이었다. 빨간 고무다라이마다 가득가득 담긴 흰쌀, 이름 모를 누런 쌀, 검은 콩과 빨간 팥 많은 곡식이 쌀집 안을 채우고 있었다. 엄마는 갑자기 자식인 우리에게는 절대 나올 수 없는 아양 가득한 목소리 냈다.

"아저씨, 저희 쌀 좀 먼저 주세요. 월급 받으면 드릴게요."

쌀집 아저씨에게 내는 콧소리는 남자를 꼬실 때나 내는 소리 같아 엄마의 다른 모습이 거슬렸다. 엄마의 노력은 허

2장 고난의 쓰기

사였다. 엄마의 아양에도 쌀집 아저씨는 머리끝에서 발끝까지 마뜩잖은 눈빛으로 엄마를 훑었다. 외상으로 쌀을 먹는 자는 빚쟁이와 다름없었다. "아줌마, 저번 외상값도 아직 남았는데." 엄마는 이달 말에 다 갚겠다며 머리를 조아렸다. 그 모습으로 나는 충격을 받았다. 돈이 없어 쌀을 외상으로 먹고 있었다는 사실을 알지 못했다. 쌀을 살 돈이 없다는 사실에 가슴이 텅 비어버렸다. 엄마를 보았다. 머리를 조아리고, 콧소리를 무기 삼아야 하는 가난한 흥부 아내 같은 엄마가 불쌍했다. 쌀집 앞에서 한참을 서 있자 아저씨는 가엾은 백성에게 성은을 베푸는 것처럼 쌀을 내주었다. 엄마를 따라나서지 않았더라면 엄마의 가엾은 모습과 쌀집 아저씨의 내리깐 눈빛은 보지 않았을 텐데. 보지 말아야 할 것을 본 나는 속이 아렸다. 초저녁에 부는 가을바람은 한 겨울바람처럼 매섭게 가슴을 후려쳤다.

그날 갓 지은 밥은 유난히 희고 윤기가 흘렀다. 가을에 수확한 햅쌀이라 그랬을까. 김이 모락모락 피오르는 하얀 흰밥을 가족은 달게 먹었다. 엄마가 어떻게 가져온 쌀인지도 모른 채 한 숟가락 푹푹 떠서 먹고, 한 그릇 더 달라며 실컷 먹었다. 네모난 밥상 위에 머리를 박고 저녁을 먹는 가족을 보며 눈물이 핑 돌았다. 가난한 집에 식구는 왜 이리 많은 건지 목이 메어 밥을 먹을 수가 없었다. 엄마는 그런 나에게 빨리 안 먹는다며 타박을 했다. 나는 "먹기 싫어." 퉁명스럽게 말하고는 마당으로 나갔다. 마음이 아팠는데, 아플 때는 어떻게 해야 할지 몰라 줄넘기를 했다. 오밤중에 시끄럽게 뛴다며 또 한 소리를 들어야 했지만 감정을 소화시킬 방도가 없었다.

어른이 되어서도 나는 은옥이네 살던 그 쌀집 앞으로 종종 소환되었다. 가난한 흥부 아내가 불쌍하다고 생각했지만 사실 많은 군중 앞에서 찬물 세례를 맞은 것처럼 나는 수치스러웠다. 가난했으므로 나는 수치를 알게 됐다.

가난했기에, 거짓말을 했던 엄마였을 거다. "저건 솜이라서 못 먹어." 내가 6살 때의 일이었다. 엄마는 늘 이런 말로 자식인 우리를 속였으나 나는 설탕이 들어가고 솜사탕이 나오는 정도는 아는 똑똑한 아이였기에 그 말을 믿지 않았다. 눈앞에서 달콤한 솜사탕을 쭉쭉 빨고 있는 아이들을 보면서 저 아이들은 먹을 수 있는 것을 나는 왜 먹을 수 없는 것일까. 의문이 들었다. 애타게 엄마를 보아도 '암만 그래봐야 나는 안 사준다.' 바늘 하나 비집고 들어갈 틈이 없어 보였다. 이제 와서 생각하면 안 사주는 게 아니라 못 사주는 것이었

2장 고난의 쓰기

을 테지만, 완고한 엄마의 태도에 깊은 한숨을 토해내면서도 입안은 군침이 가득 고였었다.

면목동 파란색 대문 문간방에 살 때 기회가 찾아왔다. 누런 월급봉투에서 수북하게 돈뭉치를 꺼내던 엄마를 보며 가슴이 뛰었다. 지폐를 보자 나는 부자가 된 것 같아 신이 났다. "와! 우리 집 돈 많다." 엄마는 '다 나갈 돈이야.'라며 책상에 앉아 연신 계산기를 두드렸다. 그 시절도 월급이 통장을 스쳐나가듯 현금이 빠져나갔을 테지. 나는 정신없는 엄마 옆에서 천 원짜리 지폐를 슬쩍 빼냈다. 무얼 하겠다는 계획이 있어서가 아니었다. 저 많은 돈 중에 하나쯤 가져도 괜찮을 것 같았다. 돈 천 원을 손에 쥐고 개선장군처럼 골목길을 걷다가 면목 시장으로 방향을 틀었다. 기다랗게 줄지어 선 시장통 안을 돌아다니며 돈 천 원에 뭐든 할 수 있을 것처럼 당당했다. 나는 구름처럼 하얀 솜사탕을 사들었다. 혀가 닿자마자 녹아 없어지는 솜사탕이 너무 신기했다. 솜사탕을 낼름낼름 핥으며 엄마의 거짓말을 가볍게 비웃었다. 도너츠집을 지나며 설탕이 잔뜩 묻은 팥도너츠 하나를 샀다. 겉에 묻은 설탕을 입안에서 녹이며 눈은 또 다른 먹잇감을 찾아 헤맸다. 혀끝의 달콤함 때문인지 두둑한 거스름돈 때문인지 시장을 거니는 발걸음은 요술 양탄자를 타고 땅

위를 나는 듯한 기분이었다. 짓눌린 욕구가 해방되며 만두, 순대, 튀김…. 먹고 먹고 또 먹었다. 통제를 벗어난 6살 꼬맹이는 자그마한 배에 담을 수 있는 한계를 넘었으면서도 시장을 돌고 돌며, 걸신들린 아귀처럼 먹어 치웠다.

 열심히 먹어도 천 원을 다 쓰지 못했는데 손에는 먹다 남은 음식까지 들려있었다. 나는 슬슬 겁이 났다. 지폐를 들고 뛰어나올 때와는 달리 짤랑거리는 동전과 검정 비닐봉지는 거추장스러운 전리품이 되어버렸다. 그대로 집으로 갔다가는 엄마에게 돈을 훔친 사실을 들킬 것만 같았다. 나는 수중에 남은 동전과 음식을 길에다 버리고 집으로 돌아갔다. 그날 저녁 엄청난 복통과 설사로 말하지 못하는 진통을 겪어야 했다. 달콤함 뒤에 내가 감당하기 벅찬 두려움, 무엇보다 돈을 버려야만 했던 일은 고통 그 자체였다.

 6살 나이에도 삶의 결핍을 인지했으며 자신도 모르게 비틀린 탐욕을 가졌던 것은 아닐까. 반나절 만에 천 원의 환희는 허무한 막을 내려야 했지만 훔치고, 떨리고, 아프며 삶을 살아가는 방법 하나를 배워냈다. 그날 밤 엄마, 아빠는 돈 때문에 다투었다. 나는 내가 가져간 돈 때문에 일어난 일인 것 같은 죄책감에 이불을 덮고 울다가 잠이 들었다.

살다 보니 엄마라는 존재는 최전방에서 가정을 지켜야 했다. 나의 엄마도 부족한 경제 상황에 늘 허덕였을 것이다. 내가 겪은 어려움보다 더 열악한 상황을 맞부딪혔어야 했다. 어려운 시대에 둘만 낳아 잘 기르라던 때에 자식 넷을 낳아 길렀다. 쌀통의 바닥은 빠르게 드러나고, 연탄이 몇 장 남지 않았을 때의 난감함, 겨울이면 김치 말고는 내놓을 반찬이 없는 현실은 자식을 키우는 어미로서 가슴이 미어지는 일이었을 테다. 부서져라 일을 했지만, 형편이 나아지지 않았으니 그 절망을 품고 어떻게 견디셨을까.

가난이 내게 준 유산이 있다면 연민일지 모르겠다. 사람을 나 몰라라 하지 않는 측은지심은 어린 내가 겪은 삶 덕분이리라. 내 엄마의 힘겨움, 고단한 삶을 살아내는 우리네를 이해하는 시선. 같이 한숨 지어 줄 수 있는 마음. 온기가 배인 말 한마디.

쌀을 씻어 밥솥에 앉히며 따뜻한 밥 한 끼를 고심하지 않고 먹을 수 있는 오늘에 감사했다. 나 대신 밥을 맛있게 지어주는 밥솥 너도 쓰담쓰담.

2-3

닭다리에 스민 눈치 게임

아이들을 픽업해 집으로 돌아오는 저녁 시간, 엘리베이터에는 다양한 음식 냄새가 배어있다. 피자, 떡볶이, 치킨, 짜장면과 짬뽕 등 모두 후각을 자극하는 냄새들이다. 우리는 엘리베이터에 배인 배달 음식을 맞추고는 했는데 아들은 코를 킁킁거리며 "이건 족발 같은 고기 냄새인데요."라며 생각지도 못한 난이도가 높은 음식을 맞추고는 했다. 먹는 거에는 일가견이 있는 아들이다. 아들이 6개월 때부터 다니던 칼국수 집이 있다. 오랜만에 간 칼국수 집에서 아들은 "제가 많이 컸죠. 맛은 여전하네요. 면 굵기가 얇아진 거 빼면 맛은 똑같아요." 하며 너스레를 떨었다. 나는 아들의 넉살에 '픕' 실소를 터뜨리며 웃었다. 이에 아주머니는 면 뽑는 기계가 망가져서 한쪽은 굵고 한쪽은 얇게 나온다고 하셨다. '헐? 아들 너 뭐니?' 입안에 어떤 센서가 있길래 면 굵기까지 기억하는 걸까. 오늘따라 고소하게 튀겨진 치킨 냄새에 아들은 코를 벌름거리며 "엄마, 오늘 치킨 콜?" 사인을 보낸다. 능글맞게 웃어대는 표정을 보니 내가 질 것이 뻔했다.

치킨이 도착했다. 아들은 다리 한 조각을 든 후, 무아지경에 이른 사람처럼 먹는 것에만 집중한다. 복스러운 먹성은 명상 그 자체다. 먹을 때는 먹는 것에만 주의를 기울이는 먹기 명상. 별생각 없던 나도 치킨 한 조각 먹어 보고 싶게 만들곤 한다. 그와는 대조적으로 딸은 "야, 유제야. 엄마, 아빠 먼저 드시라고 해." 말을 하나 치킨은 이미 아들 입속으로 들어간 후이다. 딸은 그런 아들이 못마땅해 절레절레 머리를 흔든다. 그러고는 "닭다리 드실래요?"라며 나와 남편을 배려한다. 그 모습이 기특하면서도 내심 욕심을 부려도 괜찮을 텐데…. 이기를 심어주고 싶었다.

내 나이 9살, 아빠의 생신에 처음으로 치킨을 먹었다. 바삭하게 튀겨진 치킨 맛에 눈이 번쩍 뜨였다. 김이 모락모락 피어오르는 노르스름한 치킨은 이름마저 신선했다. 삼계탕이나 백숙, 닭볶음탕 같은 닭요리는 종종 먹었다. 특히 시골 할머니 댁에 가면 뒷마당에 돌아다니던 닭을 잡아서 고아주셨는데, 어린 나는 미끌거리는 닭 껍질과 닭국물에서 나는 냄새가 썩 입맛에 맞지 않았었다. 그 부위가 다리거나 날개거나 퍽퍽한 가슴살이든 아무 상관이 없었다. 습하고 누릿한 닭비린내가 싫었으므로 까칠한 소녀마냥 맨밥을 물에 말아 먹었었다. 무엇보다 우리에게 처참하게 희생당하는 닭의 살육 현장을 보고 난 후라서 더 꺼림직했었다. 언니와 동생이 국물에 밥까지 말아 먹으면 할머니는 궁둥이를 팡팡 두드리며 칭찬을 하셨다. 나는 매번 칭찬에서 KO 패를 당해야 했다. '진짜 맛있어서 먹나? 칭찬받으려고 먹는 거 아냐?' 의심이 드는 맛이었다.

하지만 치킨은 달랐다. 동네 닭집에 기다란 로켓 같은 통이 있었는데, 그 통이 닭을 튀기는 통이었다. 닭집 아저씨의 '치킨 한 번 먹어봐요.'라는 한 마디에 엄마는 백숙용 닭 대신, 치킨을 사 오셨다. 봉투 안에서 고소한 기름 냄새가 났다. 동그란 양은상 위에서 흰 봉투를 쭉 찢으니 와르르 치킨이 쏟아졌다. 내가 손을 대려 하자 엄마는 손을 '탁'치며 저지시켰다. 부족장이 양식을 가르기도 전에 몹쓸 손이 먼저 나갔던 거다. 엄마는 다리 하나를 들어 아빠에게 드리고, 남은 하나는 오빠에게 주었다. 다리는 두 개뿐인데 나는 다리를 먹을 수 없었다. 왜 나는 먹을 수 없어야 했을까. 치킨을 먹을 때마다 다리는 아빠나 오빠 차지였다. 간혹 막내라는

2장 고난의 쓰기 119

이유로 동생이 다리를 먹었다. 불합리였다. 치킨을 두고 눈앞에서 차별을 당했다. 그것도 엄마에게.

　차별 때문에 내가 식탐이 생겼다면 억지일까. 우리 가족은 여섯 식구였고, 자식 넷은 늘 먹는 것에 경쟁이 붙어있었다. 아이스크림 한 통이 우리 사남매에 주어졌을 때의 일이다. 나는 커다란 숟가락으로 차가운 아이스크림을 푹 떠서 한입 넣고는 바로 다음 숟가락으로 아이스크림을 확보했다. 너무 차가워 머리가 띵해져도 야수처럼 달려들어 더 먹으려고 야단을 떨었다. 그날, 치킨을 잡으려다 무안해진 손은 다리를 뺏긴 분함을 뒤로하고 일단 살덩이 하나라도 더 집어 먹는 것으로 전략을 바꾸었다. 먹으면서 생각했다. 왜 아빠와 오빠와 동생은 당연하게 먹을 수 있는 건지, 나에게는 기회가 없는 건지에 대한 반발심과 의문이 컸다. 조금 더 커서야 그때 엄마의 행동을 이해할 수 있었다. 엄마는 '남자니까, 여자니까' 하는 식의 남녀 차별적인 말을 한 적이 없었다. 그런 엄마지만 살면서 배인 유교적 남존여비 의식이 몸에 익었을 것이다. 늘 남자나 여자나 똑같다고 말씀하셨지만 다리가 두 개인 치킨 앞에서 엄마의 무의식이 발동했던 거다. 가장인 아빠와 장남인 오빠의 다리라고. 엄마가 자라면서 경험한 세계는 그러한 세계였다. 수도원의 빨랫감을 빨아

돈을 벌어서는 자신을 위해서가 아니라 큰삼촌 학비로 내놓아야 하는 것이 마땅하던 세계. 여성의 희생은 남성을 빛내는 용도로 당연시되던 때에 학습된 무의식.

닭다리 하나에 긴 생각이 스치는 것을 보면 마음 안에 억울하고 서러운 조각이 여전히 떠돌고 있는지 모르겠다. 유년의 나는 내 입으로 들어가는 것을 욕심내며 하나라도 더 먹으려 애를 썼었다. 나와 다르게 닭다리를 배려하는 딸의 마음은 희생이 아니기에 안심했다. 엄마, 아빠도 닭다리를 드실 권리가 있다는 딸. 자신은 많이 먹었기 때문에 부모님이 드시는 게 맞는 것 같다고 야무지게 말을 보탠다. 맛있게 먹는 아이들을 보면서 여자이고, 딸이기 때문에 닭다리를 뺏기지 않아도 되는 풍요로운 시대가 감사하다. 물론 유년의 한과 차별을 대물림할 나도 아니지만. 요즘 치킨은 다리와 날개만 튀겨진 콤보 제품이 있다. 그러니 두 개뿐인 다리 때문에 다툼이 일어날 일도 없다. 게다가 먹을거리가 흔하다 못해 넘쳐나는 세상 아닌가.

오늘은 나도 닭다리를 먹었다. 마침 주문한 치킨은 닭다리 2개가 추가로 들어있는 세트였다. 눈치 볼일 없는 참 현명한 시대다. 서러운 기억 때문에 억울하고 아프지 않도록 메뉴도 다양하니 말이다.

2-4

가면을 썼습니다

"음…. 솔직히 말해도 돼요?"

아들이 종종 하는 말이다. 어떤 경우에는 나에게 협상을 하기 위한 꿍꿍이가 있는 말이고, 어떤 경우는 무언가를 감추고는 불편한 마음을 훌훌 털려는 목적을 지니기도 했다. 아들은 '솔직'했으므로 무언가를 성취하거나, 면죄받을 수 있다는 기대를 품는 것 같았다. 내가 솔직하다는 것에 긍정적인 피드백을 주었기 때문일까. 무언가 마음이 껄끄러울 때 무기처럼 사용하는 멘트이다. 아들에게 '솔직히'란 '속이 시원하다.'와 같은 의미로 보인다. 무언가를 혼자 담아두고 감추기에는 속이 훤히 보이니 아들의 마음 상태는 맑음이다.

아들뿐일까. 나에게도 마음속 껄끄러움은 솔직하게 표

현해야 시원하다. 어떤 비밀은 꽁꽁 숨기고 싶지만, 세월이 흘러 들통나기도 했다. 그럴 때면 '차라리 처음부터 솔직할걸…' 싶을 때도 있다. 그럼에도 솔직할 수 없어 감추고 싶던 그때에는 나름의 이유가 존재하기 마련이다.

"솔직하게 말하지…. 섭섭했어. 우리 친구 아니었어?"

고등학교 1학년 때였다. 엄마, 아빠의 부부 싸움이 친구의 귀까지 흘러 들어갔다. 우리 옆집 사는 아줌마가 친구네와 가까운 사이라 알았다고 했다. 하필 친구와 아는 사람이 옆집에 살았을까. 밤마다 부모의 싸움을 목격하는 불안보다 친구에게 집 안 사정이 들통난 수치가 더 견디기 힘들었다. 바보같이, 나는 순진한 눈을 깜빡이며 추궁하는 친구들에게 죄를 고백하듯 아빠의 외도를 털어놓아야 했다. 이미 모든 것을 다 알고 있는 친구들에게 솔직하지 않은 죄에, 섭섭함까지 더할 수 없었다. 잔인한 그녀들은 내 말의 진실 여부가 자기들의 정보와 일치하자 나를 위로하는 척했다. 그런 일 없다고 거짓말을 했더라면 다른 함정이 기다리고 있었을까. '솔직했음'으로 나는 발가벗겨졌다.

엄마는 아빠를 끔찍하게 사랑했다. 자식 입에 음식 들어

가는 모습만 봐도 뿌듯하고 배부르다던데, 엄마는 자식보다 늘 남편이 먼저였다. 남존여비나 유교적 가치관을 훌륭히 교육받아서가 아니라 그저 남편이 좋았던 아내였다. 자식이 넷이어도 어느 하나를 티 나게 예뻐하지를 않았다. 그러나 아빠를 보는 엄마의 눈빛은 사랑이 가득했다. 그런 그녀가 남편을 향해 좀비처럼 달려들었다. 엄마는 사랑을 모멸당했다. 아빠의 배신으로 매일 밤 전쟁이 벌어졌다. 엄마에겐 이성이 없었다. 표적은 찢어 죽여도 시원치 않을 남편이었다. 바로 옆에서 자고 있던 자식은 안중에 없었다. 괴성은 주인집으로, 옆집으로, 앞집으로, 내 친구 엄마한테, 친구에게 그렇게 흘러 들어갔다. '이렇게 살 거면 차라리 이혼을 하지.' 숱한 밤, 귀를 틀어막으며 이 전쟁이 끝나기를 하늘에 빌었었다. 몇 달간 계속된 괴성이 멎은 건 아빠가 집을 떠난 후였다.

사방팔방 수소문해도 남편을 찾을 수 없자 이번에는 엄마가 집을 나갔다. "내가 나가야 너희 아빠가 들어오지." 엄마의 목적은 남편을 찾는 거였다. 죽일 듯이 미웠지만 그를 영영 잃을까 두려웠을까. 자기 분이 풀릴 때까지 욕을 하면 욕을 듣고, 때리면 맞고, 그렇게 분풀이가 끝나면 남편을 용서할 참이었을까. 잘못했다고 다시 안 그러겠다고 빌었어야 끝날 전쟁이었는데, 표적이 사라졌던 거다. 엄마의 계획은 적중했다. 엄마가 집을 나가자 아빠가 돌아왔다, 그러나 엄마는 영영 돌아오지 못했다.

우리 집 소문이 다시 퍼졌다. 평화를 전해 들은 친구들은 염탐하듯 나의 상황을 물어왔다. 이번에 나는 솔직하지 않기를 선택했다. 엄마는 야근에 철야까지 하느라 바쁘신 분, 새벽에 도시락을 챙길 시간조차 없는 분으로 둔갑시켰다. 쑥대밭이었던 집안에, 엄마까지 집을 뛰쳐나간 불쌍한 애는 되고 싶지 않았다. 엄마의 부재는 이모, 삼촌, 외할머니 그녀의 가족에게도 관심사였다.

"너희 엄마 연락은 오니?"

내가 되묻고 싶은 말이었다. 어른들이 엄마를 찾아내야 하는 게 아닌가. 당신들이 찾아서 집으로 돌려보내야 하는 거였다. 그들의 한숨, 아무 대답을 못 하는 난감한 순간이 열일곱 내게는 벌을 받아드는 것 같았다. 우리가 왜 이런 상황에 놓여야 하는가. 엄마와 아빠는 부모로서 자격이 없었다. 화를 내고 싶었지만, 꾹 참았다. 모든 것이 겁이 났다. 나를 지켜보는 것 같은 세상의 눈초리, 친구들, 아빠마저 떠날 것 같은 두려움, 난리통 같은 밤이 고요해졌으나 엄마를 상실한 정적은 고통이었다. 엄마가 보고 싶었다.

 나는 솔직함 대신 나를 숨기는 쪽을 택하며 나를 보호했다.

 꽁꽁 숨기고 살고팠던 내 서글픈 날들. 글은 숨기고 싶은 내 마음을 예리하게 잡아냈다. 분명 숨기고 싶은 이야기였고, 솔직할 필요가 없는 나만 아는 비밀이었다. 그러나 나는 쓸까, 말까를 망설이며 갈림길에 있었다. 그러니 노트북 앞에서 허송의 딴짓을 하며 다른 주제를 찾아 표류했다. 그래 '솔직히'라는 명목으로 끄집어낼 필요는 없었다. 준비가 안 된 글이라면 더 묵혀두어도 될 일이었다. 그러나 나는 쓰기를 주저하는 저항과 나아가고자 하는 길목에서 나아가는 쪽에 마음을 주었다. 풋내나는 열일곱의 나를 덜어내며 가벼워지고 싶었을까. 깊은 속내를 담은 글이 톡톡 가슴을 터뜨리며 꽃망울을 맺으려 하니 말이다.

2-5

대원각에서 길상사까지

"길상사 갈래?"

길상사는 성북구 성북동의 사찰이다. 그러나 나의 열일곱에는 '대원각'이라 불리던 요정이었다. 술을 팔던 곳이 절이되다니…. 바뀐 이름처럼 '대원각'은 그 테를 말끔히 벗고 있었다. 도시 한가운데 고즈넉한 은밀한 공간, 낮게 앉은 꽃과 키가 큰 나무, 기와를 얹은 소담한 담장. "여기가 길상사야?" 나는 어린 내 기억을 의심하듯 주위를 둘러보며 말했다.

내 나이 겨우 열일곱. 엄마가 집을 나가고, 부모가 방치한 열일곱은 '겨우'의 나이었다. 엄마 한 명이 사라졌는데, 집 안이 온통 엉망진창이 되어버렸다. 새벽에 나가 밤늦게 들어오는 아빠는 자식을 살피는데 무뎠다. 동생은 진작에 중학교를 자퇴하고 가출을 했다. 재수해야 했을 오빠도 집에 들어오는 날이 적었다. 언니도 멀리 기숙학교에 있었다. 어둡고 깜깜한 텅 빈 집을 지키며 반지하 습한 공기를 나는 혼자서 견뎌야 했다. 가족의 온기가 빠진 곳, 나는 늘 그들의 채취가 그리웠다. 또 엄마가 그리웠다. 열일곱에 나는 나를 비관했고, 점점 고립되어 갔다. 눈을 뜨는 아침이면 무얼 해야 하는 건지 막막했다. 아침마다 이름을 부르며 깨우던 엄마, 도시락 가방을 꽉 채우던 내 끼니와 가족이 모두 없었다.

어느 날 아침 눈을 뜨니 등교 시간이 훌쩍 지나있었다. 지각이라는 불안한 마음으로 온 힘을 다해 뛰었다. 학교에 도착해서 지각을 한 벌로 운동장을 또 뛰어야 했다. 다음 날 지각을 했을 때는 운동장을 뛰기 싫어 학교에 가지 않았다. 결석을 했는데도 내게 아무런 문제가 없었다. 아무도 내가 결석을 한 줄 몰랐다. 담임선생님조차도. 점차 지각하거나 결석을 하는 날이 잦아지고 점점 그 생활이 익숙해졌다. 학교에 가지 않을 이유도 많았다. 늦게 일어나서, 도시락이 없어서, 자다가 선생님한테 등짝을 맞기 싫어서, 점심시간에 혼자 엎드려 있기 싫어서. 어른들의 무관심으로 얻은 어설픈 자유였다. 간혹 같은 반 친구들이 전화를 걸어 "다음 시간 담임 시간이야. 빨리 와."라고 할 때는 나를 찾아준 친구들의 관심이 좋아서 학교엘 갔다. 대학이고 뭐고 졸업만 하자는 마음으로 억지로 학교에 다닐 뿐, 삶에 시들했다. 시간이 빨리 흘러 어른이 되기를 바랐다. 어른이 되면 버려진 마음이 거저 채워질 줄 알았으니까.

한참 만에 엄마에게 전화가 왔다. 성북동 주택가 길을 따라 오르면 '대원각'이란 곳이 있다며. 그리로 오라고. 가슴이 뛰었다. 엄마의 목소리를 들었다는 것에, 엄마가 우리를 잊지 않은 것에, 무엇보다 엄마를 볼 수 있다는 것에 감격했다. 엄마가 시키는 대로 버스를 탔고, 엄마가 시키는 대로 길을 찾아갔다. 빨리 가지 않으면 엄마가 다른 곳으로 도망칠 것 같아 조바심이 났다. 구불구불 오르막길, 커다란 대문과 높은 담 위로 삐죽이 내다보는 소나무, 그 집이 그 집 같은 궁궐 같은 큰 집들을 지나며 오르던 길이 행복했나, 가슴 아팠나…. 친절하지 않은 설명에도 어미를 찾아가는 본능은 초행길을 잘도 찾았다.

울창하고 푸른 나무가 가득한 대원각. 커다란 문 앞에 압도되어 들어가지를 못하고 서성이는데, 엄마가 나타났다. 엄마였다. 오늘은 오려나…. 하루하루 기다리고 그립던 엄마였다. 그러나 낯선 장소에서의 어색한 조우였다. 눈물이

나올 것 같아 내리쬐는 6월의 햇볕을 핑계 대며 눈을 찡그렸다. 마음은 얼굴을 바꿨다. 우리를 버렸다는 생각이 들자 그리움을 누르고 화가 올라왔다. 뾰로통한 마음 따위 다독일 엄마가 아니었다. 그런 엄마인 걸 알면서도 자식인 나는 기대를 품었다가 실망했다. 집 나가 몇 달 만에 본 자식에게 잘 지냈냐는 말이 그토록 어려운 말이었을까.

 나는 엄마를 입장권 삼아 큰 대문 안을 들어섰다. 한낮인데도 알록달록 색색의 한복을 입고 술 팔던 고급요정, 가야금 가락에 춤을 얹으며 허공을 짓는 우아한 손사위, 진한 분칠한 아가씨와 그녀들을 덥석 끌어안는 남자들. 엄마와는 절대 어울릴 것 같지 않은 이런 곳에서 엄마는 무얼 하나…. 열일곱 나는 못 올 데를 온 것처럼 못 볼 것을 훔쳐본 듯 두리번두리번 불안했다. 다행히 엄마가 한복 입고 술을 따르는 여자는 아니었다. 한복을 입고 춤을 추기에는 늙어서 안심했었다. '여기서 뭐 해?' 왜 자식을 두고 이런 곳에 있어야 하는지 따지질 않았다. 눈빛은 멍하고 초점이 없었다. 그녀는 지독한 전쟁을 미완한 패잔병이었다. 가엾고, 초라해서 따지질 못했다. "가져가서 먹어."라며 뻘겋게 묻힌 게장 통을 손에 쥐여주고는 "바쁘니까 얼른 가."라며 투박스럽게 등을 돌렸다. 엄마의 등을 물끄러미 보았던가? 엄마가 점점 멀

2장 고난의 쓰기

어지자 내 마음도 점점 다치고, 닫혔다.

 길상사를 걸으며, 대원각의 투박스러운 그날이 겹쳐졌다. 요상한 분위기처럼 엄마가 요상하게 멀게 느껴졌던 날. 검은 승용차가 쌩쌩 들어오고 나가던 불길한 곳에 엄마가 있지 말았으면 했으나 나는 힘없는 자식에 불과했다. 웬수 같은 남편보다 자식 보며 참고 산다고들 하는데 뻥이었다. 나는 인생에서 엄마를 숨기고 지우며 살았다.

"여기 주인이 백석의 연인이었는데, 『무소유』를 읽고 감동해서 법정 스님한테 시주한 거래."
"그래…."
'나 여기 알아, 예전엔 대원각이라는 요정이었어. 엄마가 여기에서 일해서 와봤어.' 말이 나오지 않았다.

 대원각에서 길상사까지.
 열일곱, 엄마를 찾아 헤매던 타는 발걸음 위에 평화로운 발걸음을 포개며 생각했다. 어른이 되면 저절로 마음이 아물 줄 알았으나, 비밀은 비밀인 채 그대로였다. 그날처럼 울창하고 푸른 나무는 여전했다. 나무는 나를 기억할까. 엄마를 두고 혼자 터덜터덜 가야 했던 요상한 마음이던 나를.

2-6

삶의 아이러니

어릴 적 내 별명은 '뒤뚱발이'였다. 하루도 빠짐없이 넘어져서 붙여진 별명이다. 산에 오르다가 넘어지고, 쑥을 캐다가, 개울을 건너다가, 아카시아를 따다가도 넘어졌다. 과자를 사러 가다가 넘어지고, 시장가는 엄마와 언니를 좇아가다가도 넘어졌다. 아침이면 '오늘은 넘어지지 않을 거야.' 결심하며 대갓집 아씨처럼 사뿐사뿐 걸을 때도 있었다. 해가 뉘엿뉘엿 질 무렵 내가 넘어지지 않은 승리감에 방심하여 넘어지기도 했다. 빨간 아까징끼를 호호 상처에 바르면 "앗! 쓰라려." 호들갑이 절로 나왔다. 저녁에 넘어진 것이 억울해서 '차라리 오전에 넘어질 걸….' 후회하며 뒤뚱발이 나를 책망하고는 했다.

숱하게 넘어지고 깨져 무릎이 성할 날이 없었다. 누렇게 곪다가 내려앉은 시커먼 딱지. 새살이 보내는 근질거리는 시간을 견디면 덜렁거리던 딱지가 떨어지고 연분홍 살이 돋아났다. 한 무릎 안에 딱지가 떨어진 분홍색 영역은 내 피부 같지 않았지만 시간이 지나면 상처 부위를 구분할 수 없을 만큼 아물어 있었다. 인생도 그런 것 같다. 꺾이고 부서지는 좌절로 앞날이 뿌옇게 보여도 어느새 새살 같은 날이 주어지고, 그 모든 날이 내 삶의 일부가 되어있었다.

  엄마가 없다는 것은 삶에 큰 구멍이고 상처였으나 어느 순간 익숙한 삶이 되었다. 엄마는 당신의 은신처인 대원각을 드러낸 후, 쉬는 날이면 자식들을 밖으로 불러냈다. 오랜만에 만나면 맛있는 음식을 사주었고, 헤어질 때면 손에 돈을 쥐여주었다. 엄마와 한집에 살 때는 가져보지 못하던 시간이었다. 외식을 하고, 용돈이 생기고…. 엄마가 집을 나갔으므로 생긴 행운이라고 해야 할까. 무엇보다 고통스러운 순간에서 벗어났다. 비좁은 방 안에서 누구 하나는 죽어야 끝날 것 같은 싸움, 서로를 보는 눈빛의 살기를 보며 나는 내 부모가 두려웠다. 사람들은 싸움 구경이 제일 재밌다고 그랬는데…. 한 대 더 쳐! 팔을 꺾으란 말이야! UFC 시청하듯 나도 모를 마음 한구석에 잔혹한 재미를 느꼈을까. 그랬다면 억지로라도 엄마를 끌어와야 했다. 나는 엄마에게 집으로 돌아오라는 말을 하지 않았다. 말을 해봐야 들어 줄 것 같지도 않았지만, 집으로 돌아와 봐야 불 보듯 뻔할 거라고 예상했는지도 모른다. 텅 빈 평화. 내게 엄마가 필요했지만, 아빠에게 적군이 생기는 게 싫었다. 저마다 견딜 만큼의 서글픔과 외로움을 감당하기를 선택했다.

 나에게 엄마는 용감한 사람처럼 보였다. 생각이 나면 전화를 하고, 마음이 뒤틀리면 몇 달이고 연락을 끊었다. 화가 나면 화를 냈고, 울고 싶으면 울었다. 기분 내키는 대로 속엣말을 할 수 있는 엄마는 적어도 내가 보기엔 용감한 사람이었다. 들쑥날쑥 마음 가는 대로 마음을 표현해서 곁에 있다가 불똥이 튀어 마음이 데었다. 뜬금없이 '왜 그렇게 사냐'는 핀잔을 뒤집어씌우거나, 옛 생각에 빠져 아빠 흉으로 속을 불편하게 했다. 떠돌이 바깥 삶을 안쓰러워할 겨를 없이 엄마는 자신의 연민을 깎아 먹었다. 그런 엄마였지만 엄마가 필요한 순간은 많았다. 그럴 때마다 카멜레온처럼 색깔을 바꾸고 와서 며느리의 시어머니, 사위의 장모, 사돈 역할을 무난히 했다. 그러나 아빠를 대하는 태도는 예의가 없었다. 오빠의 결혼식, 언니의 결혼식에서 엄마는 아빠와 나란히 앉아 있어야 했다. 엄마의 눈빛은 아빠를 향해 경멸을 담고 있었다. 나는 늘 두 사람의 만남이 불안했다. 엄마는 생각나는 대로 아빠에게 막말을 해 그를 무안하게 했다. 자식인 우리도 난처했으며 공간의 분위기를 급속도로 냉랭하게 만들었다.

"자꾸 이럴 거면 그냥 이혼해!"
나는 집 안의 추한 모습을 드러내는 것이 창피했다. 선비 같은 아빠처럼 우아하게 참아낼 수 없는 엄마가 못마땅했다. 어차피 집을 나간 엄마였다. 모두를 불편하게 하느니 엄마가 있는 것보다 없는 게 속이 편하겠다는 생각에 못을 박는 말을 했었다.

이랬던 내 말이 무색하게 된 건 내게 혼담이 오고 갈 무렵이었다. 결혼에 있어 부모님의 이혼은 큰 결격 사유가 되던 시절이었다. 나 하나 잘났다고 순조롭게 치러지는 거래가 아니었다. 자식에게 이혼을 종용당한 엄마가 꿋꿋하게 서류에 남아 있었기에 나는 흠이 없는 신붓감이 되었다. 내 얄팍한 수는 엄마의 점괘를 넘질 못했다. '늬들 흉잡힐까 봐 이혼 안 하는 거다.'라던 엄마의 말은 옳았다. 집을 나간 엄마였지만 서류만큼은 내 발목을 잡지 않도록 엄마 나름의 방식으로 버티고 있었던 거였다.

"나 죽으면 어디에 묻지 말고 훌훌 날려줘라."

지금도 저리 자유로운데 죽어서까지 떠돌고 싶을까 싶다가도 떠난 마음도 어딘가에 메여있는 건 아닐까 싶었다. 가족이라면 매일 같은 집에서 잠을 자고, 같은 집에서 살아야 하는 것이 당연하던 나였다. 그런 내 눈에 엄마처럼 둥지를 떠나 산다는 건 그 자체가 자유로운 몸짓이었다. 그런데도 그녀는 바람 같은 자유를 원했다. 비 오는 날에 연못가에 묻어 달라는 개구리엄마의 유언처럼 절대로 그녀를 훌훌 날려 보내서는 안 될 것 같다. 어쩌면 그녀는 가족에게 돌아오고 싶을 수도 있다. 그러나 어느새 잊힌 아내, 엄마 자리. 그녀의 부재에도 무던히 견디는 씩씩한 아이들이 야속했을까. 우리들이 의연하고 성숙하게 삶을 대처한 탓에 못 이기는 척 되돌아올 엄마라는 역할을 빼앗은 건 아닐지 모를 일이다.

오십을 통과하며 옳다고 생각한 내 생각은 옳지 않을 때가 많다는 것을 알아간다. 삶은 계획대로 살아지지 않았다. A를 선택했으나 A'의 결과가 나타났고, 어떤 경우는 전혀 예상치 못한 Z의 결과가 주어졌다. 호기롭게 삶을 즐기기에는 나는 소심했다. 뒤뚱발이 나는 살얼음 같은 삶을 살금살금 내디뎠다. 엄마를 그리워하면서도 원망했고, 엄마 딸로 자랐기에 엄마라면 내 엄마처럼은 살면 안 된다는 것을 배울 수 있었다. 아픔을 통해 얻은 앎이며 그로 인해 내 아이들에게 사랑을 줄 수 있는 엄마가 되었다. 이러니 삶은 아이러니가 아닐까. 삶의 궤도는 상식과 신념이 뒤섞이며 어제는 맞고 오늘은 틀리고, 어제는 아프고 오늘은 사랑하며, 정의 내릴 수 없는 미래를 향하고 있다.

2-7

용서하세요

 겨울이 가면 봄이 오듯, 해마다 그맘때가 되면 어김없이 찾아드는 기억들이 있다. 기억은 나를 데리고 가 그날, 그 시간으로 던져버린다. 야속하다. 매해, 그맘때, 어김없는 순간이란 게 대개는 찬란한 날보다는 슬픔과 눈물이 범벅된 날에 다다랐다. 3년이 지났지만 오늘은 여전히 그날이 되었다. 오빠의 기일. 마음이 묵직해 시선을 돌려 보나 새파란 하늘 푸르름이 익어가는 6월, 내 가슴은 푸르게 시리다.

 19년 된 낡은 차를 바꾸면 제일 먼저 오빠가 잠들어 있는 인천으로 그를 보러 가겠다고 했던 나였다. 내 차의 초록색 번호판은 도로에서 보기 드문 색이 되었다. 늙은 차는 털털거렸고, 관절이 으스러지며 아찔한 사고도 치렀다. 수리를 해도 가까운 목적지는 책임졌으나 장거리는 무리였다. 초록

번호판 늙어버린 차를 핑계 대며 가족의 여행이나 먼 거리 이동을 자제하며 욕구를 누르고 지냈었다. 그러고는 모든 희망을 새 차에 걸었다. 새 차를 사면 바다에 가자는 말로 아이들의 기쁨을 구슬리고, 새 차 나오면 오빠를 보러 갈 거라며 내 그리움도 달랬다. 마치 초록번호판 때문에 발목이 잡힌 사람처럼 모든 제약을 만들었다. 도로 위를 달리며, 어쨌든 오늘이 새 차를 타고 오빠를 보러 가는 그날이네 싶었다.

일 년 만에 올케언니와 조카를 만났다. 오빠는 여전히 우리들을 잇고 있었다. 그의 부재로 서로 뜸했다가 다시 그로 인해 모여 같은 감정을 나누고 있으니 말이다. 금빛 보자기의 매듭을 하나하나 풀어 보자기를 벗기니 오빠가 나타났다. 눈물이 뚝. 한여름 갑자기 쏟아지는 소나기처럼 굵은 눈물이 뚝뚝 떨어졌다. 눈물을 참거나 닦아내는 것은 의미가 없었다. 나는 말없이 영정사진을 꺼내 제례상 위에 올려놓았다. 오빠를 보자 엄마는 그를 부르며 주저앉았다. 수건으로 눈물을 찍어내며 흐느껴 울자 올케언니의 흐느낌 또한 거세졌다. 망부석처럼 침묵을 지키고 서 있는 조카만 감정을 꾹 삼켰다. 상 위에 배, 사과, 떡, 전, 포를 올리는 내 몸짓을 따라 모두의 시선이 움직였다. 침묵과 흐느낌이 들락날락하며 공간을 채웠다.

술을 한 잔 따라 영정 앞에 놓는데 "오빠." 소리가 튀어나왔다. 그리움이 쌓이고 쌓이면 소리가 먼저 그를 마중하는 걸까. 마음으로 숱하게 불러본 오빠였다. 나도 모르게 튀어나온 말에 감정이 증폭되며, 그리움이 짙어졌다.

"상은아, 나는 니가 매일 보고 싶어."

엄마의 고백이 가슴에 박혔다. 그랬구나. 엄마는 매일 오빠를 그리워하고 있었구나. 그동안 들리지 않던 말이었다. 내 깊은 마음에는 엄마의 슬픔을 받아주고 싶지 않았다. 늘 그녀의 눈물을 외면하며 고개를 돌려 못 본 척을 했었다. 그날 머리칼이 숭숭 빠져 훤히 보이는 엄마의 정수리와 굽은 등은 눈 돌리려던 내 시선을 붙들었다.

동생이 생을 놓고, 오빠의 죽음까지 잇따르자 사람들은 아들 둘을 잃은 엄마를 안쓰러워했다. 아들들의 장례식장에서 엄마의 처절한 오열은 보는 이들의 가슴을 후벼 파며 어찌할 바를 모르게 했다. 모두가 엄마를 걱정하는 그 순간 나는 엄마의 눈물에 대한 진위를 따지고 싶어 했다. 왜 하필 아들을 잃고 망연자실한 장례식장에서 엄마가 흘리는 눈물의 농도와 죽음에 대한 책임을 묻는 잔인한 마음이 출몰했는지… 형제를 잃은 슬픔과 엄마에 대한 원망으로 마음은 한바탕 널을 뛰고 있었다.

 동생의 장례식장에서였다. 나는 '엄마 슬픈 거 맞아?'라며 잔인한 물음을 던졌다. '이렇게 울 거면 우리를 버리고 나가지 말았어야지.' 엄마에게 버려진 마음속 내면아이가 올라왔다. 나는 마치 동생이라도 되는 것처럼 마음을 투사하여 그의 죽음에 대한 책임을 묻고 싶었다. 내 마음에 엄마는 자식을 외롭게 한 죄인이었던 거다. 엄마가 집을 떠나고 매일매일 기다렸다. 어둡고 깜깜한 집 안에서 엄마가 돌아올 거라는 희망을 품었었다. 결국 엄마는 돌아오지 않았다. 훗날 엄마가 다른 남자와 살고 있었다는 것을 알게 되며 그리움은 분노로 뒤틀렸다. 짓밟힌 희망은 어느새 칼날이 되어 있었나 보다. 나는 엄마의 비밀을 혼자 감당하며 원망과 분노를 키우고 있었다.

 엄마의 실체를 고발해 봤자 돌아올 득이 없었다. 오히려 가족이 충격에 빠질 게 뻔했으므로 불쌍한 가족이 더는 아프지 않기를 바랐다. 내가 엄마의 다른 생활을 몰랐다면 엄마를 연민했을까…. 참았던 분노로 엄마를 몰아세우고 싶었다. "누나 나 외로워." 말하던 상우가 죽음을 택한 건 엄마 때문이라고. 상우의 외로움은 엄마가 만든 거라고.

  삼킨 가시는 오빠의 장례식에서도 엄마를 조준했다. "아유, 지겨워! 귀신은 뭐 하나 몰라 저런 거 잡아가지도 않고!" 술을 마시고 비틀거리는 오빠를 볼 때면 엄마가 내뱉던 말이었다. 엄마는 그랬다. 본인이 싫은 것은 딱 싫었다. 상대를 이해하거나 공감하는 것이 아니라 바로 비난을 쏟아냈다. 그럴만한 이유를 찾아 달래주는 품성이 안 되었다. 오래 보아서 익숙하다지만 그 말들은 거북한 말이었다. 나도 별 뜻 없는 엄마의 말에 따갑던 순간이 허다했다. 엄마의 한숨 그 못마땅한 표현은 기대를 저버린 부족한 성적 앞에서 쪼그라들게 했다. 위로받고 싶은 마음은 점점 가망 없어졌고, 엄마와의 대화는 속을 긁어냈기에 듣고 아무렇지 않기란 힘겨웠다.

  '귀신이 잡아갔잖아! 엄마 소원대로!' 엄마를 아프게 하며 모든 탓을 엄마에게 돌리고 싶었다. 늙고 가엾은 그녀를 시종일관 물어뜯으며, 동생을 잃고, 오빠를 잃은 슬픔을 엄마에게 덮어씌우고 싶은 마음뿐이었다. 그러나 내 이성은 싸늘하게 나를 식히곤 했다.

"상은아, 나는 니가 매일 보고 싶어."

오늘 엄마의 말은 내 마음속 가시 하나를 쑤욱 뽑았다. 종종 오빠가 그립다며 전화를 하던 엄마였다. '늬 오빠 보러 가는 중이야.'라며 보고픈 마음을 전했었다. 다리가 아파서 걷기가 힘들다 하면서도 연신내 사는 엄마는 부평 동수역에서 추모원 별빛당의 가파른 오르막을 부지런히 다니셨다. 아들에게 놓아 줄 소담한 꽃을 꼭 쥐고 가셨을 테지. 숱한 날을 들었을 이야기인데, 오늘에서야 엄마의 깊은 마음이 전해졌다. 원망이 뒤덮여 그 안에 감춰진 진심을 듣지도 보지도 못하고 있었다.

"엄마 한 잔 하셔." 오빠의 잔을 채우고, 엄마에게도 제사주 한 잔을 따라 드렸다. 엄마는 영정 속 오빠를 보며 말씀하신다. "상은아, 엄마랑 한잔하자. 맛있냐?" 묻고 싶은 게 많았다. 할머니, 할아버지, 아빠와 동생을 만났는지, 잘 지내고 있는지를 물으신다. 매일 보고 싶은 아들을 가슴에 품고 엄마는 어떤 지옥을 견뎌내고 있었던 걸까.

엄마와 함께 돌아오며 나는 물었다. 수십 년 입이 떨어지지 않아 맴돌던 말이었다. 가시가 뽑힌 그날이 아니면 영영

물을 수 없을 것 같았다.

"엄마 우리 어릴 때 집 나가서, 우리 걱정은 안 됐어?" 간단한 물음인데도 쿡 목이 메었다.
"… 매일 걱정했지."
"그런데 왜 나갔어?"

많이 늦었지만, 엄마를 이해하고자 한 물음이었다. 내 추측이 아닌 엄마의 목소리로 듣고 싶었다. 엄마는 덤덤히 이야기를 해주었고, 나는 그 마음 그대로를 받아들였다. 쑤욱 빠져버린 가시 덕일까. 그 어떤 왜곡 없이, 그녀가 표현한 두려움이 아무 색깔 없이 고스란히 전해졌다. 그랬구나 우리 엄마… 속이 새까맣게 탔었겠네. 자식의 매일매일을 걱정하며, 부족한 자신을 고백하는 오래 묵은 엄마의 마음을 만났다. 왜 시간을 한참 돌아 이제야 화해의 시간을 가져야 하는 건지… 그래, 어쩌면 지금이기에 가능한 화해인지 모르겠다.

시간이 약이라는 속담처럼 오십이 되어 아량이 넓고 깊어진 걸까. 마치, '다 괜찮아' 속삭이는 치유의 세계를 통과하는 것처럼 원망이 물렁거렸다. 내 차는 멀리 웅장한 북한산을 바라보며 줄곧 말없이 달렸다.

글은 옹졸하던 나를 곧이 보게 했다. 한쪽으로 치우친 생각, 부러 넓게 보지 않으려던 내 미운 마음을 밝게 비추면서. 글을 쓰지 않았다면 원망은 내 가슴 한 편에, 분노는 기억의 한 조각에 머물렀을 테다. 나라는 한 인간의 생각을 글로 펼치면서 내 오류들을 보곤 했는데, 특히 가족에게 인색했던 나를 본다. 그들은 내 곁에 있느라 얼마나 아팠을까….

 엄마를 미워하고 원망하며 보낸 시간이 아쉽고 속상했다. 원망이 사그라들자 어리석은 나를 자책하는 마음이 슬그머니 그 한 귀퉁이를 차지하려 한다. 그때 '카톡' 알림음이 울린다. 함께 기도하는 단톡방에서 오늘의 숙제가 도착했다. '자신을 용서해주세요.', '살면서 타인을 원망하고 미워한 자신을 용서해주세요.' 때마침 이런 숙제가 나에게 오다니 신기할 따름이다. 하늘은 내 마음을 훤히 보고 있단 말인가. 숙제는 엄마를 미워한 나를 자책하는 것이 아니라 용서를 하라고 한다. 스스로를 벌주고 혼내는 것은 하수의 방법인가 보다. 나는 부족한 나를 기꺼이 보듬고 용서하는 방향으로 마음을 내어 보기로 한다.

3장

고해의 쓰기

3-1

내겐 너무나 특별한 생일

'고객님 생일을 축하합니다.'

 이른 아침부터 생일 축하 문자를 받았다. 치과에서, 백화점에서, 핸드폰 대리점에서…. 내 정보를 기록해 놓은 곳에서 보내는 축하 메시지이다. 어떤 해는 축하해 주는 곳이 이런 곳뿐이구나 망연하고, 어떤 해는 그래도 이렇게 축하를 받네 하며 기쁘기도 했다.

 어린 시절 내 생일날은 발을 동동 구르고 속이 타는 것 같은 답답한 날 투성이었다. 두 살 터울 언니와 생일이 비슷한 시기라는 불운이 한몫했다. 나의 생일은 음력 5월 24일이고, 언니의 생일은 음력 5월 22일로 나보다 딱 이틀이 빨랐다. 내가 여섯 살이던 해, 엄마는 편의를 위해 언니의 생일과 나의 생일을 한 날에 합쳐 버렸다. 저녁 먹은 상을 무르고 생일 선물용 수박을 쩍쩍 가르며 말하던 엄마의 목소리는 아직도 생생하다.

"너도 언니 생일에 같이 해. 너 생일도 오늘이야."

 말도 안 되는 소리였다. 태어나지도 않은 날이 생일이라니. 생일이 이랬다저랬다 할 수 있는 것이란 말인가. 무엇보다 온 가족이 자기의 생일날은 특별한 무언가를 대접받았다. 선물은 고사하고 하다못해 미역국이라도 그만을 위해 차려지는 날이었다. 일 년에 하루뿐인 특별한 날을 날려버리고 싶은 사람이 어디 있겠는가. 억울했다. "오늘 내 생일 하기 싫어!" 작은 콧등에 땀이 배도록 여섯 살 나는 강력하게 내 뜻을 어필했다. 당당하게 언니와 같은 날 생일을 하라는 엄마의 말을 거부했다. 내가 거부하면 생일이 반려된다고 굳게 믿어버렸다. 생일이라고 해봐야 수박 한 덩이 앞에 놓고 내 이름이 대표성을 띠는 정도였다. 때문에 이틀 뒤, 나를 위해 수박 한 덩이를 더 사는 것이 큰 어려움이나 사치일까 싶었다. 이틀 뒤, 나의 생일이 되었으나 아침상에도 저녁상에도 미역국이 없었다. 밥상을 다 치우고도, 수박은커녕 참외 한 알도 나를 위해 준비된 것이 없었다. 내 의지는 무참히 짓밟혔다. 그리고 소리쳤다.

"왜 내 미역국은 없어. 왜 나는 수박 안 사줘."

울음을 꾹꾹 누르며 말했지만, 목구멍 안에는 칼칼한 눈물이 고여 따끔거렸다. 엄마는 나의 말에 무심했다. 아무 대꾸하지 않은 것으로 내 항변을 대수롭지 않게 치부해버렸다. 부엌에서 쪼그리고 앉아 설거지하는 엄마의 등이 야속할 수가 없었다. 나는 분해서 엄마의 등짝을 찰싹 때리고 싶었다.

아빠는 말도 안 되는 일에 왜 침묵하는지, 가족 모두 내 생일에 대해 아무 관심이 없어 혼자서만 분통이 터졌었다. 누구도 엄마의 결정에 토를 달지 않았고 생각을 통제당한 무력한 졸병들 같아 보였다. 나는 이 집 식구가 아닌가. 왜 나를 소홀히 대할까. 나만 혼자라는 고립감에 서러웠다. 나 같은 건 사라져 버려도 아무도 눈 하나 깜빡하지 않을 것 같아 훌쩍이며 밤을 보냈다.

화살은 언니에게 날아갔다. 나보다 이틀 먼저 태어나 나의 생일까지 홀랑 받아먹은 언니가 미웠다. 그동안 쌓아둔 감정이 폭발했다. 항상 언니의 옷과 신발을 물려 입어 내 것을 가져보지 못한 서러움은 모두 언니 때문 같았다. 그렇게 나 혼자 그녀를 라이벌로 정했는지 모른다. 그래서였을까 나는 무럭무럭 컸고 초등학교 입학을 할 때부터는 언니의 키를 따라잡았다. 내가 언니만큼 크자 엄마는 새 옷을 두 벌씩 사야 했다. 엄마는 빨리 크는 내가 못마땅한 눈치였다.

 엄마의 마음과 달리 새 옷을 받아든 나는 구름 위를 걷는 것 같았다. 온전히 내 것이라는 것은 이런 것이구나. 먹을 것도 사남매가 나눠 먹고, 필기도구도 오빠, 언니 것을 물려받고, 가방까지 위에서 아래로 내려왔다. 그러나 내 옷을 당당하게 얻을 수 있는 것은 나의 성장 속도 때문이라는 생각이 뿌리 깊게 박히자, 나는 계속 커나갔다. 초등학교 3학년부터는 내가 언니의 키를 역전해 월등히 커졌다. 하지만 엄마는 내가 입던 옷을 언니에게 물려주지는 않으셨다. 큰딸에 대한 배려일까. 이유야 어찌 되었든. 나는 내 소유의 옷과 신발이 존재하는 것만으로 흡족했다.

 불행히도 내 생일은 그 후로도 매해 없었다. 학창시절에는 엄마가 차려주는 생일보다 친구들과 생일을 보내곤 했다. 여섯 살에 무참히 밟힌 의지는 생일에 대한 방어기제를 갖게 했다. '다 큰 어른인데 뭘 생일에 연연해.'라고 한다든지, '생일 하루 다르게 보낸다고 인생이 바뀌나?'라든지 선물을 주고받는 것은 하나의 요식 행위로 여겼다. 어떨 때는 내 생일인데, '나 진짜 기쁜 게 맞나?' 싶은 의구심도 들었다. 축하해 주니까 기쁜 척하는 것 같은…. 감정이 고장 난 사람 같기도 했다.

어느 날 이런 미션을 받은 적이 있었다. '나 자신을 위해 선물하기' 선물이라는 단어를 받아드니 적잖이 고민스러웠다. 어쩐지 '특별함'이란 의미가 더해지니 나에게 중요한 것을 선물하고 싶어졌다. 내게 필요한 것을 고민 없이 사는 것과 나 자신을 위한 선물은 어쩐지 그 쓰임이 달랐다. 그런데 가만히 내 마음을 들여다보아도 소망하는 욕구가 일어나지 않았다. 딱히 갖고 싶은 게 없다는 것이 조금 당혹스러웠다고 할까. 현재의 내 상태가 안위와 풍요 때문인지, 꿈꾸고 가져보지 못한 무기력 때문인지 알 수 없었다. 아무렇게나 물건 하나를 사서 나를 위한 선물이라며 때우기용으로 해치우고 싶지는 않았다.

한참을 고심한 끝에 내가 가지고 싶은 선물이 생각났다. 나는 '소풍'을 선물하기로 했다. 조급하게 쫓기는 일상을 떠나 여유로운 시간을 나에게 주기로. 소풍을 생각하니 김밥이 떠올라 맛있는 김밥집에서 김밥을 포장했다. 김밥을 좋아해서인지 몰라도 김밥을 받아드는 순간 기분이 들뜨기 시작했다. 그리고 근처 김유정 문학촌에 들러 한적한 곳에 앉아 김밥을 먹고, 한가로이 시간을 보냈다. 소풍과 선물의 의미를 담으니 반나절의 시간은 색달랐다. 늘 하는 산책과 선물의 의미를 담은 산책은 한 걸음 한 걸음 걸을 때마다 달콤함을 더했다.

 내가 나에게 선물하며 내게 필요한 것을 살피고 채울 수도 있었다. 그러나 마음은 매번 바깥을 향해 분주했다. 이제야 나는 여섯 살 꼬마의 마음을 깊이 들여다보았다. 어린 날의 기억에 갇혀 혼자 토라지고, 외로웠던 날을 부여잡으며 어리광을 떨었는지 모른다. 억울하고 화가 난 생일처럼 나는 내내 비어버린 마음으로 결핍을 살았나 보다. 나에게 선물을 하며 내 속을 채우고 보니 다른 시선을 만났다. 빠듯한 살림을 꾸리던 엄마였다. 나는 엄마의 고난과 잘해주지 못해 쓰렸을 속을 보지 못했다. 그저 내 마음만 알아달라며 투정을 부리며 긴 세월 마음을 닫아걸고 혼자 뾰로통했었다. 그녀의 셈으로는 두 살 터울인 우리 자매가 옷 한 벌로 몇 년을 물려 입는 것이 위안이 되었을 거다. 내가 쑥쑥 크는 바람에 멀쩡한 옷이 작아져 못 입게 되는 건 엄마에겐 안타까움이지 않았을까. 내가 만든 무심한 엄마. 이제는 오명과 억울함이 벗겨질 때인가 보다. 차분히 더듬는 옛 기억에 내 아쉬움 대신 엄마가 보이니 말이다. 같은 기억에 해석이 달라지며 살랑 화해의 바람이 인다. 글을 쓰며 만나게 되는 기쁨의 순간이다.

얼마 전에도 슬쩍 생일에 대한 이야기를 꺼냈다. 내 생일이 사라져 섭섭했노라 내비쳐도 엄마는 핵심을 비껴가며 "며칠 차이 안 나니까."라며 말을 흐리셨다. 모호하게 얼버무린 말은 엄마다웠다. 자신의 어긋남을 굽히지 않겠다는 고집스러움. 그 뭉개진 말 뒤에 숨겨진 의미는 내가 다시 새기기로 했다. 엄마의 길 잃은 눈빛과 처연한 표정은 잘해주지 못한 미안한 마음을 말하고 있다고. 나는 몽롱한 엄마의 마음 대신 선명하게 드러난 표정을 아름답게 보아주기로 했다. 사실 엄마의 고집을 꺾어 이기고픈 마음도 없었다. 팔순 노모가 백기를 들어 처량하게 패배하는 모습을 보는 게 더 마음 쓰릴 거다. 그냥 지금의 꼬장꼬장한 엄마가 더 좋다.

3-2

엄마 꽃 흔들리다

"이제는 아이가 연주하는 쇼팽의 곡을 들을 수 없을 것 같아 신청합니다. 아이가 오랜 시간 해오던 음악을 하지 않기로 결정했네요."

아침 시간 라디오에서 들리는 디제이의 멘트가 귀에 꽂혔다. 거실에는 잔잔한 쇼팽의 곡이 흘렀지만 내 마음에는 아이를 뒷바라지했을 엄마의 긴 시간과 허탈함이 흘러들었다. 아이와 함께 뛰고, 응원했을 사연 속 그녀의 노고가 물거품처럼 사라지는 것 같았다. 그건 나의 공허였다.

나는 좋은 엄마가 되길 꿈꾸고는 했다. 내가 생각하는 좋은 엄마는 그 품에서 자유로이 숨 쉴 수 있는 자애로운 엄마였다. 어릴 때 보던 드라마에서 엄마의 이상향을 만들었다. 내 현실의 엄마는 그녀들과 많이 달랐으므로 나의 엄마도 TV에 나오는 그녀들과 같았으면 하는 바람에서였다. 아이들의 이야기에 귀 기울여 주는 엄마, 스스로 문제를 해결할 수 있도록 조언해주고, 관심과 사랑으로 지켜봐 주는 엄마를 상상했다. 그런 목마름은 내가 좋은 엄마가 되어주자는 꿈을 꾸게 했다.

내가 엄마가 되어서야 꿈은 꿈일 뿐임을 알았다. 좋은 엄마는커녕 아이를 망치는 엄마나 되지 않으면 그나마 다행이라는 각성을 매일매일 반복한다. 어쩌면 아이들을 품에 끼고 있으며 가장 가까이에서 망가뜨리는 사람이 내가 아닐까 싶은 자책이 들기도 한다. 나의 낡은 사고방식이 반짝반짝 피어나는 아이들의 세계를 침범하는 것을 경계하면서도 내 입은 툭툭 고리타분함을 내뱉고 있지는 않은지….

아이들은 나에 대한 평가가 박하지는 않다. 친구의 엄마 이야기를 하다가 "엄마는 좋은 엄마예요."라고 말을 할 때면 순수한 아이들이 그저 감사할 따름이다. 내 속에 시시때때로 질량을 달리하는 사악한 저울질, 내 양면을 모르는 아이들에게 고개가 숙여지고는 했다. 그래, 나에게는 머리와 가슴이 따로여서 이중 잣대로 헷갈리게 하는 영역이 하나 있

3장 고해의 쓰기　**157**

다. 바로 공부와 성적이다. 나의 결핍과 열등감이 가미된 영역으로, 이로 인해 아이들은 공부나 성적으로 적잖이 상처를 받았을 것이다.

나의 아빠는 장남인 오빠에게 큰 기대를 품던 분이셨다. 내가 아들만 되었어도 공부를 할 수 있도록 독려해 주셨을까. 어쨌든 딸인 나에게 돈을 들여 공부시킬 여유가 없으셨다. 부모님은 내가 빨리 취업하기를 바라셨으나 나는 공부가 하고 싶었고 무엇보다 대학에 가고 싶었다. 여자였기 때문에, 가난했기 때문에 겪어야 했던 갈증은 내 무의식에 저장되었을 것이다.

딸을 품에 안던 날, 벅찬 기쁨과 함께 은은한 슬픔이 따라왔다. 이 넓은 세상을 마음껏 살 수 있는 희망보다, 여자로서 겪게 될 염려를 떠올렸다. 부디 딸의 세상은 여자이기에 감수해야 하는 불평등이 없기를 간절히 바랐다. 분명 딸의 세대는 나의 세대와는 다를 것이며, 딸은 그 세대에 맞게 제 역할을 찾아가겠지…. 딸은 똑똑하게 잘 자라 주었다. 내가 무언가를 요구하지 않아도 내가 기대하는 방향과 같은 방향을 걷고 있었다. 나는 그런 딸이 고마웠고, 딸 덕에 '제이 보면서 어머님이 어떤 분일까 궁금했어요.'로 시작하는 흐뭇한 이야기를 종종 들었다.

 딸이 고등학생이 되고 입시를 앞두면서 고맙기만 하던 딸과의 관계가 순탄치 않았다. 시험을 치르고 온 딸이 말했다. "실수했어요.", "너무 떨렸어요." 입시를 앞두고 긴장했을 것이다. 그러나 나는 그런 딸에게 수험생의 힘들고 불안한 마음을 위로하지 않았다. 그저 '떨렸기 때문에 실력 발휘를 못했을 거야.'라며 딸의 성적을 인정하려 들지 않았다. 내 실망을 감추며 다음 시험을 격려하는 파이팅만을 보냈다.

 전교 1등을 한 고등학생이 창문 밖으로 뛰어내려 자살했다는 기사를 본 적이 있다. 부모와의 갈등이 그 이유였다. 자살한 학생은 부모가 간절히 고대하던 전교 1등을 선물하고는 죽음을 선택했다. EBS 다큐멘터리 〈공부 못하는 아이〉이라는 프로그램을 보면서도 나는 잔뜩 긴장하고 기가 죽은 아이들을 보며 안쓰러워했다. 냉기 서린 싸늘한 시선, "이따위 성적을 받고도 밥이 넘어가!" 드라마 속 대사를 비난하며 비정한 부모를 욕하던 나였다.

 그러나 수험생 부모가 되자 내 머리는 다르게 돌아가고 있었다. 아이를 위해서라는 명목으로 성적이라는 성과를 향해 슬그머니 아이를 몰아가고 있었다. 대학이나 성적으로 사람의 등급을 나누는 사회를 비판하던 나였으면서도 어느새 딸의 등급이 내 사랑의 척도가 되는 것 같아 뜨끔했다. 아이의 성적이 좋으면 기쁘고, 결과가 별로면 낙담하며 나의 기분은 성적에 따라 오르락내리락하고 있었다.

"제가 잘한 것을 봐주세요. 왜 그건 인정 안 해주세요."

그랬다. 잘하는 것은 당연한 것이고, 이젠 부족한 것만 끌어올리면 된다는 조급함이 있었다. 정작 뛰어야 하는 선수는 지쳐있는데 의욕이 넘치는 코치가 저만치 앞서가는 우스운 꼴이었다. 딸은 장점이 많은 아이였다. 선하고, 예의 바르고, 성실한 예쁜 아이였는데, 내 욕심이 눈을 가려 그 장점이 보이지 않았다.

나에게는 브레이크가 필요했다. 나는 딸을 통해 얻고자 했던 것이 무엇인지 질문을 했다. 허기진 속을 채우고 싶었을까. 내가 살아온 시대의 억울함을 보상받길 원했을까. 내 마음은 공허가 가득했으므로 멈추어야 했다. 그러지 않으면 아이는 성적과 대학은 물론 직장, 남편의 학력과 직업까지 다 내 기준에 맞춰야 할 수도 있다. 나의 편협함을 직면할 때면 나는 내가 참 싫다. 무엇이든 품어 줄 수 있는 엄마인 척하면서, 내 구미에 맞게 '이래야 해, 저래야지.' 하며 통제를 했을 거다. 내 아이들은 무언의 형벌을 견디며 정서적 피로감을 느꼈을지도 모른다. 풀이 죽은 딸을 보며 마음이 쓰리다. 내 눈빛과 한숨에 베이고 차갑고 날카로운 공기에 억눌렸을 테다.

"걱정할 시간에 딸을 위해 기도를 해주셔요."

지인의 말이 종일 가슴을 두드렸다. 아이를 위한다면서 기도는커녕 걱정을 끌어들이고 있었다. 꽃피우게 두면 제빛을 찾아 곱게 물들일 아이라는 것을 잘 알고 있으면서도 나는 뿌리 내려야 할 여린 꽃대를 쥐고 흔들리고 있었다. 아이가 가야 할 먼 곳을 보며 긴 여정을 응원해야 하는 것을 알면서도 당장 코앞에 닥친 일에 일희일비하는 나. 기도가 필요한 사람은 딸이 아니라 나였다. 오십의 나는 꽉 찬 어른인 척했지만, 삶의 작은 관문 앞에서 안달복달 어쩌지 못하고 있었다. 내게 고요한 쉼이 필요할 때임을 느낀다. 그리고 미처 하지 못한 말을 고해해야 한다. 엄마가 아주 많이 미안했음을.

3-3

청춘 라떼, 어쩌다 꼰대

　바람이 쌀쌀하던 3월. 모처럼 점심 약속이 있어 시청 근처를 걷고 있었다. 삼삼오오 흩어져 걷는 직장인들의 발걸음은 어딘가 경쾌해 보였다. 꽃샘추위가 매서워도, 그들의 어깨 위에 내려앉은 햇살은 분명 봄이었다. 봄을 담은 웃음소리와 사람들의 사연들이 이 작은 도시를 채우는 듯했다. 내 좁은 일상과 다르게 시내의 복닥거림은 봄의 활기를 느끼기 제격이었다.

　봄날의 만남. 뜻하지 않은 초대로 오랜만에 밖에서 먹는 점심에 들떠있었다. 맛있게 먹는 우리를 보며 점심을 초대한 지인은 흐뭇해했다.

　"이 근처에 맛집 많아. 자주 나와."

"너가 바쁘잖아."
"바빠도 점심은 먹어야지."
"직원들이랑 먹으면 되잖아."
"젊은 직원들 편하게 먹으라고, 나 따로 먹어. 내가 편하게 대해도 날 어려워하는 거 같더라고."

출장과 외근이 잦아 바쁜 그녀였다. 그렇기에 인사치레로 하는 말인 줄 알았으나 아니란다. 젊은 직원들이 편하게 식사할 수 있도록 배려를 하기에 점심을 함께할 시간이 많다고 했다. 중견으로서의 배려. 그녀의 태도를 칭찬하는 지인이 말했다.

"그래. 그게 낫겠다. 젊은 사람들 먹는데 눈치 없이 끼면 꼰대 소리 듣지."

요즘 흔히 말하는 '꼰대'와 '라떼는 말이야'. 어느덧 나는 이 단어와 직면하는 세대가 되어있었다. 젊은 세대와 교류가 잦은 직종이 아니다 보니, 요즘 세대의 사고방식이나 문화에 자연스럽게 노출될 기회가 많지 않다. 그래서일까, 지인의 행동이 유난히 인상 깊었고, 한편으론 나 자신이 숙연해졌다. 아직도 삶의 문제들에 허우적거리는 내가, 어느새 사회에서는 '어른'의 자리에 놓여 있다는 사실을 실감했다. 지인은 결코 권위적인 사람이 아니었다. 그러나 자신의 위치에서 오는 무게감을 인식하고, 그것이 누군가에게 부담이 되지 않도록 조심하고 있다는 생각이 들었다.

문득 나의 20대가 떠올랐다. 그 시절, 우리 부서의 점심 메뉴는 늘 과장님의 선택에 따라 결정됐다. 나는 그저 별다른 저항 없이 따랐고, 불편한 식사 자리를 감내했다. 어떤 날은 입맛에 맞지 않아도 맛있는 척 억지로 먹기도 했다. 점심시간뿐만이 아니었다. 짧은 휴식 시간에도 상사의 이야기에 적절하게 반응해야 했었다. 그럴 때마다 시곗바늘이 얼마나 느리게 돌아갔던가. 내 관심사가 아닌 일방적인 이야기는 상당한 참을성을 요구했다. 관심 없는 이야기를 귀로 들으면서도 마음은 먼 곳에 두곤 했었지. 나뿐 아니라 계장, 대리, 주임 등 줄줄이 계급장의 기호를 살피는 것이 당연하던 시절이었다.

그때, 나는 분명하게 내 의사를 표현하지 못했다. 기껏해야 점심시간에 약속이 있다는 핑계를 대며 "오늘은 따로 먹겠습니다." 말하며 소극적으로 저항할 뿐이었다. 조직에서 이탈자가 되는 것이 두려웠을까. 미움받을 용기가 없었던 걸까. 내 속에는 튀지 않고, 모나지 않고, 둥글둥글 잘 어울리는 것이 사원의 덕목이라 여겼다. 삶과 사회에서 흡수한 무형의 이념과 교육으로 굳어진 신념이었을 테다.

 그래서인지, 요즘 젊은 세대의 솔직한 표현과 당당한 태도가 부럽고도 한편으론 놀랍다. 어쩐지 억울한 감정이 들기도 한다. 우리 세대는 윗세대를 맞추어 주고 후배는 배려하느라 마치 '샌드위치'처럼 끼어 있는 느낌이다. 게다가 중년이라는 포지션은 '꼰대'로 분류되는데 그마저도 누군가는 그 꼰대가 되지 않기 위해 할 말을 삼키거나 소심하게 표현하니 말이다.

 수업을 마치면 나는 주로 도서관에서 시간을 보낸다. 다양한 연령층의 사람들이 저마다의 일에 열심히 집중한다. 어떤 목적으로 책을 읽고, 강의를 들으며 공부를 하는 걸까 궁금해질 만큼. 그런데 어느 날부터인가 이와 대비되는 장면이 들어왔다. 중고등학생의 시험 기간이 시작되어서인지 여기저기 교복을 입은 학생 무리들이 눈에 띄었다. 어느 날 휴게실 한쪽에 네다섯 명의 학생들이 웅성웅성 떠들고 있었다. 열린 출입문 사이로 학생들 대화 소리가 점점 크게 울렸다. 한 남성이 아이들에게 다가가 도서관 에티켓을 상기시

3장 고해의 쓰기 **165**

키듯 점잖게 타일렀다. 순간 정적이 감돌며 학생들의 눈빛은 도전적이거나 몇몇은 눈을 돌려 불쾌하단 제스처를 취하고 있었다. 남성이 자리를 뜨자 삐죽이며 "왜 저래."와 "꼰대."가 연이어 터져 나왔다. 자신들이 듣기 싫은 말을 하면 무조건 꼰대로 퉁치며 방어하는 게 요즘의 추세일까. 무안해서 무의식적으로 나온 반응일 수도 있다. 용기 내어 한 말이 꼰대의 잔소리가 되는 것을 목도하니 씁쓸했다.

물론 우리 집에서도 종종 일어나는 일이기도 하다. "엄마 때는 말이야."라고 시작하려 하면 "아, 네네." 하는 반응 때문에 말을 하기도 전부터 말문이 막히는 경우가 있었다. 무슨 말을 할 줄 알고. 나의 말은 언제부터 '라떼는 말이야.'라고 들리는 잔소리가 되었을까. 하루는 "그냥 들어!" 하며 말을 끝까지 잇기도 했다. 억지로 다 들은 아이들은 그제야 "제가 엄마의 의도를 잘못 받아들였어요. 죄송해요."라며 사과를 했다. 그러나 내 말이 거부당하는 순간 욱하고 올라온 감정은 여전했다. 마음은 한동안 울그락불그락 일렁였다.

어찌 되었든 나의 수용 여부와 상관없이 나는 사회 구성원이 말하는 '꼰대의 시기'를 통과하고 있다. 세대를 나누고 구분 짓는 이 시대가 야속하지만 중년의 나는 꼰대의 범주에

포함될 것이다. 사실 "라떼는 말이야."라고 말하는 그때는 내가 살아온 삶과 청춘을 담고 있다. 내 삶의 어느 시점이 누군가에게 받아들여지지 않는다고 해서, 그 시절을 바꾸거나 지울 수는 없는 일이다. 꼰대가 되지 않기 위해 나의 청춘을 침묵해 버려야 하는가를 생각하니, 조금은 서글프다.

 꼰대 소리가 싫어 젊은 세대에 맞추려 애를 쓰니 차라리 꼰대이길 바라본다. 해야 할 말은 소신 있게 말할 수 있는 꼰대로 말이다. 20대에 끌려다니느라 잃어버린 점심시간, 튀지 않으려 둥글둥글 굴러다니던 지난날처럼 줄곧 나를 절제해야 한다면 삶이 억울할 것 같다. 중년의 지금이라도 삐뚤빼뚤 내 멋대로 가보련다. 인생을 좀 살아본 어른으로 타인 눈치 보는 대신 내 마음을 살피는 내가 되어보기로 한다. 다양성이 존재하는 시대 아닌가. 생을 돌아보니 미덕을 지키느라 잔뜩 웅크리고 살았었다. 이제는 어깨의 힘을 좀 빼고 유연해도 되는 삶이라고 말하고 싶다.

3-4

삶은 불안한 판도라

남편의 별명은 '기우'이다. 그는 일어나지도 않을 일들을 매일 걱정했다. 간혹 농담처럼 걱정이 많아서 그 또한 걱정이라고 말하기도 한다. 나이가 들어갈수록 걱정을 태산처럼 안고 사는 남편을 보며 쓸데없는 생각 좀 그만하라고 타박도 해보지만, 그는 다람쥐 쳇바퀴 돌 듯 걱정의 굴레를 반복하고 있었다. 멍하니 천장을 보는 남편을 볼 때면 또 어떤 생각으로 스스로를 괴롭히나 안타까울 때가 많았다.

"누가 그러는데 내가 우울증이래."

덤덤하게 건네는 남편의 말이었다. 그때, 우리는 인생의 긴 터널에 갇혀있었다. 깊은 터널 안에서 앞으로 나아가지도 되돌아 나올 수도 없이 막혀버린 채로. 남편은 사업을 하겠다며 회사를 그만두었다. 그러고는 살고 있던 집을 정리하고 퇴직금으로 받은 돈까지 탈탈 털어 한 남자에게 주었다. 모든 것을 아우디를 타고 다니며 서울대를 나왔다는 사람에게 사기를 당했다. 하루아침에 전 재산을 잃었고, 사람에게 철저하게 속았다. 가난한 우리는 사람에게 덜 시달리는 곳, 바보처럼 사기나 당했다는 비난을 피할 곳을 찾아 서울을 도망쳤다. 경제적으로 곤궁한 상황에 남편이 하는 일들은 순조로이 흐르기보다 매번 헛돌기만 했다.

내가 알던 남편은 도전적이고 당당했다. 그렇기에 그만의 투지로 위기 상황을 이겨낼 거라 기대했다. 무엇보다 갓 태어난 아이를 위해서라도 열심히 살아내야 한다는 당위가 앞섰다. 둘째의 선천적 장애, 특별한 왼손은 우리 부부가 아이를 잘 키워야 하는 임무였다.

그러나 판타지는 일어나지 않았다. 나의 기대와 달리 현실의 문제를 잊기 위해 남편이 택한 것은 술이었다. 술 안에서 그는 재기 희망에 부풀어 흥분했다가 어느 날은 한없이 땅굴을 파며 자책했다. 그는 제 몸을 칭칭 감는 거미처럼 스스로를 옭아매고 있었다. 터널 한가운데서 우리는 치열하게 불타다가 서서히 꺼져갔다. 결국 대화마저 사라졌다. 어둠이 남편을 지배했으며 그는 매일매일 망가져 갔다. 무기력해졌고, 무섭게 폭력적이 됐다.

"처맞고 싶지 않으면 입 닥쳐!"

낮부터 술을 마시던 남편의 폭언. 그는 밑바닥을 드러내며 내게 빈정대고 있었다. 작정하고 모욕을 주기로 결심한 것처럼. 평소에 남편은 나와 눈도 마주치지 않았다. 눈을 마주치고 싶지 않은 것인지 자격이 없어 눈조차 못 맞추는지는 알 수 없었다. 그런 남편이 술을 빌어 용감하게 뱉은 말이 '처맞고 싶지 않으면 입 닥쳐.'라는 말이었다.

매일 밤. 남편의 인기척은 비닐봉지 안에서 '딸랑' 부딪히는 술병 소리였다. '딸랑' 소리에 머리가 쭈뼛 서며 공포가 조여왔다. 술은 남편을 변하게 했으므로 나는 아이들을 데리고 침대로 숨어들어야 했다. 그는 정적이 감도는 집 안을 누비며 사냥감을 먹어 치우듯 폭음과 폭식을 해댔다. 밤마다 치러지는 거룩한 예식이었다. 그가 술에 취해 죽은 듯 잠들어야 내 마음에 고요가 찾아왔다.

"처맞고 싶지 않으면 입 닥쳐!"

남편에게 들어야 하는 말이 고작 수치심이나 느껴야 하는 말이라니. 처량했다. 우리의 인연이 악연일 줄은 생각도 못 했다. 아이들마저 포로가 된 처참한 날들. 이 상황에서 벗어나고 싶었으나 짐승을 상대하려면 나도 짐승이 되어야 했다. 불안에 떠는 아이들을 보니 나 또한 짐승 같은 어미가 될 수는 없었다. 짐승의 싸움을 목격한 나의 유년이 아니었던가. 나와 같은 공포를 줄 수 없었기에 나는 저항을 포기했다. 아이들을 위해 그의 군림 아래 무기수처럼 살기로 했다. 서른네 평 감옥, 내가 숨어든 방. 그 유배지에 박혀 어쩌지를 못했다.

"누가 그러는데 내가 우울증이래."

나는 남편의 말을 무심한 척 흘려들었다. 우울증이란 안전망 속으로 도피하는 것이라 여겨졌다. 내 속에서는 화가 났다. 누가 봐도 내가 더 우울해야 하는 상황이었다. 모든 것을 잃고 빈털터리가 되었다. 그럼에도 어미인 나는 가녀린 아이들을 키워야 했다. 가족이 세상을 떠날 때마다 위로는커녕 마음 놓고 울지도 못했다. 폭군이 되어 버린 남편까지 견뎌내며 버티고 있는데, 우울증이라니…. 우울증인 것 같다고 말한 그 '누가'라는 사람을 남편 옆에서 치워버리고 싶었다. 내 삶의 지독한 겨울이라 그랬을까. 마음의 갈피를 잡을 수 없어 황량했다.

일그러진 우리 관계. 나와 남편은 심리상담을 받았다. 상담은 마치 판도라의 상자를 여는 것과 같았으며 굳게 닫혀 있던 마음에 열쇠를 꽂자 거칠게 감정들이 쏟아져 나왔다. 주체할 수 없는 분노 덩어리가 온 집안을 덮쳤다. 긴 터널을 빠져나오기도 전에 무의식이라는 또 다른 세계의 문을 열어버렸다. 억눌러 놓은 수많은 세월이 터져 남편은 숨겨놓은 정체를 드러내듯 더 거칠게 변해갔다. 간혹 나타나던 지킬은 온데간데없고 하이드가 판을 치며 본색을 드러냈다.

지독하고도 오랜 시간이 흐르고서야 우리는 서로를 바라보았다. 우리가 아이들의 소소한 일상과 안위, 서로의 안부를 물으며 다시 대화하기까지는 긴 침묵과 냉전을 감당해야 했다. 설익은 화해보다 온전한 성숙과 존중을 위한 숙고의 시간이었으리라. 2년의 심리상담과 6년 넘게 부부대화 프로그램에 참여하며 노력한 시간은 한 인간으로, 부부로, 부모로 다시 서기 위한 진통이었다.

어느 날, 나와 남편은 새벽까지 이어지는 긴긴 대화를 이어갔다. 불 꺼진 방에 들리는 건 오직 남편의 목소리뿐이었다. 그는 처연하게 읊조렸다. "지금 생각하면 나는 가정 폭력 피해자였어. 그게 아동 학대지 뭐." 사는 게 힘들 때면 아이들을 때렸던 시어머니, 아버지가 다른 아홉 살 많은 누나. 엄마와 누나의 폭력에 무기력했던 다섯 살 꼬마의 독백이었다. 유년의 고백을 듣자 내 눈을 덮고 있던 증오가 엷어졌다. 내가 두려워하던 짐승이 웅크리고 앉은 외로운 아이로 보이기 시작했다.

'당신 때문이야!' 내가 겨누던 화살. 표적은 항상 그였다. 사기를 당한 것도, 힘들게 사는 것도, 매일 술을 마시며 똑바로 살지 않는 것도 모두 남편의 탓이라 원망만 했었다. 그의 처연한 목소리는 싸우기를 포기하고 투항하는 지친 병사의 목소리였다. 불쑥 연민과 용서가 찾아왔다. 무엇을 위해 그토록 지독하게 싸웠는지 전쟁의 의미가 흐려졌다. 용서는 묘한 신비였는데, 아팠던 기억을 지우고 응어리를 녹이며 그곳에 따뜻한 기운이 피어오르게 했다.

삶에서 거저 얻어지는 것은 없었다. 겪어야 할 일은 반드시 겪어야 했다. 나의 오십이 치열했던 이유는 연민과 용서를 배우기 위해서였을까. 나는 긴 전투를 끝내기로 했다. 그

건 내가 선택하고 결심하면 되는 거였다. 어쩌면 우리는 서로에게 할퀴어댄 상처만큼 위로받기를 원하고 있었는지 모르겠다. 그 상처가 곱게 아물도록 치유할 사람은 나와 남편, 우리 서로였다.

걱정과 불안을 담은 그의 판도라. 그에게는 아직 풀지 못한 결핍과 삶 안에서 풀어내야 하는 퀘스트가 남아 있다. 운명은 그를 판도라 앞으로 데려갔고 아직 해결하지 못한 감정을 마주해야 하는 순간인 것 같았다. 분명한 것은 어떤 숙제든 자신만의 방식으로 풀어내야 한다는 것이다. 그의 여정에 다른 퀘스트는 우리가 치른 전투처럼 격렬한 전투는 아니기를 바란다.

3-5

그대의 안분지족에 감사를

"우리가 밥을 굶고 사는 것도 아니고…."

집 근처 산을 오를 때였다. 이런저런 사는 이야기를 하는 도중 남편이 한 말이다. "돈이면 다 돼." 어느 자리에서건 사람이 영향력이 있으려면 주머니에 돈이 두둑해야 한다고 말하던 사람이었다. 그랬던 그가 이제는 밥을 굶지 않는 것에 감사를 말하고 있다. 십수 년의 힘겨운 세월로 겸손하게 된 것인지, 가치의 이동인지 모르겠다. 먼 곳만 보던 그가 작은 행복을 감사히 여기는 말이 듣기 좋았다. 그랬다. 감사하게도 우리는 배를 곯지 않고 있다. 상황이 어려워질 때마다 빈틈을 채워주는 힘이 있었다.

"저녁 먹었어? 밥 넉넉히 했어. 건너와서 같이 밥 먹자."

3장 고해의 쓰기

외롭지 않게 불러주어 몸과 마음을 배 불리는 이웃이 있었고, 딸 아이의 학원비를 낼 수 없어 학원을 그만두어야 할 때는 "제가 계속 가르칠게요. 그냥 보내주세요."라는 선생님이 계셨다. 아들의 병원비를 내지 못할 때는 긴급 의료지원을 받을 수 있었다. 이가 없으면 잇몸으로 산다는 말처럼 최선은 아니어도 차선의 상황으로 고비고비를 넘겼다. 감사하게도. 그래, 우리가 밥을 굶는 것도 아니고 이만하면 하늘도 나에게 시련만 주는 것은 아닐 수도 있다. 그러나 고행의 길목에 남편의 사기를 꺾을까 봐 표현하지 못한 말들이 있었다.

"그래도 나는 쿠팡에서 싼 거 찾는 거 그만하고 싶어. 제아 지금 신는 운동화도 제이가 신던 거 신는 거야. 제아가 험하게 신어서 낡은 게 아니야."

살까 말까 고민하지 않고 살 수 있는 정도쯤이면 좋을 것 같았다. 딸아이가 중학교에 다닐 때였다. 예쁜 옷을 입고 싶다고 해서 우리는 명동의 매장을 들러보았다. 딸이 입고 싶다는 브랜드를 중심으로 쇼핑을 하였으나 딸 마음에 쏙 드는 옷이 없어 발길을 돌려야 했다. 발품을 파느라 피곤하면서도 속으로는 다행이라 여겼다. 내가 못 사주는 게 아니라 딸이 안 샀다는 것이. 사실, 속내는 가격이 너무 비싸 놀라고 있던 터였다. 머리로 인터넷 가는 얼마일까, 저렴한 옷이 더 이쁘고 실속있다며 나를 달래고 있었다. 시간을 두고 천천히 구입하자는 약속에 딸은 흔쾌히 응했었다. 그러나 더하고 빼는 셈을 하며 안도하던 마음 이면에 가슴 끝이 휑한 건 어쩔 수 없었다. 내 마음만 그랬을까. 빈손으로 오기 아쉬워 올리브영에서 플렉스하는 것으로 섭섭한 마음을 채웠다. 어디 딸뿐이겠는가. 아들도 마찬가지였다. 은근슬쩍 계절을 넘기고, 마트의 세일 코너로 발길을 돌려야 했던 날들은 줄곧 아쉬움으로 남아 있었다.

나는 긍정적이고 씩씩한 페르소나를 입고 살았다. 가난했으므로, 엄마가 없으므로 여러 이유로 나를 딱하게 보는 동정 섞인 시선이 싫었다. 그 눈빛은 더 가엾게 구걸해야 구호물품이든 콩고물이든 한 푼이라도 더 떨어진다는 위협을 담은 것 같았다. 고등학교 때, 대학을 후원할 자선가의 도움을 기대한 적이 있었으나 '에고, 어쩌니.', '딱하기도 해라.'와 같은 기운 빼는 소리만 되돌아올 뿐 아무 소득도 없었다. 그럴 바에야 기쁘고 행복한 사람처럼 행동하는 편이 불편한 말들로부터 멀어질 수 있었다. 아픈 진실보다 몽상이 정신 건강에 도움이 되었다. 또, 긍정은 힘이 좋아 작은 걸림은 사뿐히 넘을 수도 있었다. "성격 좋으세요." 이 말이 왜 그리 좋았는지 무슨 일이든 해내기에는 충분했다.

남편도 이런 나를 칭찬하고는 했다. 나는 남편이 여린 사람이라고 생각했기에 힘들다는 말을 비치지 않았다. 내가 힘들다고 말하면 남편의 무능을 들춰 그를 타박하는 소리로 들릴 것 같았다. 종종 '나 만나 고생만 한다.'라고 말하는 그에게 나까지 무게를 얹고 싶지는 않았다. 게다가 힘든 시기를 겪으며 에너지를 나눠 줄 수 있는 아내라는 건 남편의 자존감을 상승시키는 기쁨이기도 했다. 그러다 보니 나는 든든한 존재이며, 어려운 상황을 지혜롭게 풀어내는 멋진 여자를 자처했던 것 같다.

처음으로 내 속을 훌훌 내비쳤다. 더 말하고 싶었다. 가성비 따지지 않고, 사고 싶은 거 마음껏 살 수 있길. 알뜰해서 버리지 않는 게 아니라 다음에 사지 못할까 봐 쟁여두었던 거. 밥 사면서 머릿속으로 밥값 계산하지 않길. 아직 속에 있는 말을 모조리 표현하지 않았는데도 남편은 말이 없었다. 뽀얀 먼지가 내려앉은 아들의 검은 운동화를 생각했을까. 밝아 보이던 아내가 짠해 '나 만나 고생만 한다.'는 마음 안으로 들어가 자책할까. 아니면 소주 한 잔이 간절했을까.

내 안에 숨은 말을 꺼내지 않아도 나는 버티고 견딜 수 있다. 남편에게 분발해서 돈을 더 벌어오라는 채찍도, 삶의 무언가를 고치거나 바꾸고 싶어 했던 말도 아니다. 그저 내 속을 그대로 보이고 싶어서 한 말이다. 씩씩해 보이기만 하던 아내에게 이런 마음이 품어져 있구나. 그가 알았으면 해서. 아직도 "돈이면 다 돼." 하던 남편이었더라면 나의 사소한 바람을 말하지 못했을 거다. 남편 마음에 든 봄이 좋아 씨앗을 뿌리고 싶었나 보다.

"저기에 뱀이 있어요. 조심하세요."

남편의 짧은 침묵은 깨졌다. 산에서 내려오시던 분이 뱀의 출몰을 알렸다. 우리는 맨발로 산을 오르던 중이라 느닷없는 소리에 겁이 났다. 남편은 나뭇가지를 집어 들었다.

"내 뒤로 걸어."
"이렇게 얕은 산에도 뱀이 있나?"
"그럼, 저기 공지천 운동길에도 뱀 있었어."

남편은 긴 나뭇가지로 '탁탁' 땅을 치며 앞장섰다. 맨발에 썩은 나뭇가지, 뱀을 쫓기에 어쩐지 허술한 무기 같지만, 그의 등 뒤는 가장 든든하고 안전한 보호구역이었다. 나와 강아지 설이는 '총총' 남편을 따라 걸었다.

3-6

고난도 축복이다

'고난이 축복이다.'

고난이 고난이지 어찌 축복이 될 수 있단 말인가. 가족의 죽음을 겪을 때마다 사람들은 말했다. 신은 감당할 만큼의 시련을 준다던가, 얼마나 큰사람이 되게 하려고 그렇게 힘든 일을 겪은 거냐고. 나를 위해 해준 그 말들은 그다지 위로가 되지 않았다. 섣부른 위로이자 말장난처럼 들렸다. 큰사람이 되기 위해 가족을 시련과 맞바꾸다니. 내가 크게 밑지는 거래였다. 가족이 곁에 있는 것이 큰 사람이 안 되어도 좋은 이유이다. 무엇보다 나는 큰 사람이 되고자 하는 욕망이 없었다. 단지 매일의 일상에 잔잔한 걱정거리들이 덜 일어나길 바라는 보통 사람에 불과했다. 가톨릭 신자로 기도를 하면서도 인류의 평화나 불쌍하고 가난한 사람을 위한 기도보다는 우리 가족의 안위와 자녀의 입신양명을 위한 기도밖에는 할 줄을 몰랐다. 그릇이 딱 내 가정 하나 건사할 그만큼인 기도가 전부인 사람이었다.

 이런 나에게 감당하기 힘든 시련이 덮쳤다. 사기를 당해 경제적 형편이 어려워지고, 신용에 문제가 생겼다. 장애를 가진 특별한 아이가 맡겨지고, 동생의 자살, 오빠의 사고 등 무수한 일들이 닥쳤다. 신은 오판을 했다. 나는 담대히 시련을 감당하며 감사를 말할 그릇이 안 되는 사람이었다. 도리어 내가 무슨 죄를 지어 이런 형벌을 받는가? 하늘에 따져 물었다. 억울했다. 반짝반짝 멋들어진 삶은 고사하고, 한평생 전전긍긍 해야 하는 것이 내 운명이란 말인가? 그래 삶이 내게 준 운명이라고 치자. 어차피 정해진 운명이니 깨갱 순응하며 살아야 하는 걸까. 그럼에도 운명을 바꾸려 노력해야 하는 걸까? 노력하면 바뀌기는 할까. 신에게 화도 냈다가, 애원해 봤다가, 울어도 보았다. 메아리 없는 외침처럼 신에게서 어떤 대답도 들을 수 없었다.

 어느 책에선가 인간이 이 세상에 태어나는 이유를 읽은 적이 있다. 우리가 이 지구별로 여행을 오는 건 영혼의 성장을 위해서라는 글이었다. 한 영혼이 더 나은 영혼으로 성장하기 위해 인간의 육을 입고 윤회를 거듭한다는 것이었다. 한 생을 성실히 살아내면 내 영혼은 한 단계 상승을 통해 더 높은 차원으로 올라가게 된다고 한다. 우리가 사는 지구는 최고의 영적 공간이며, 시험의 장이라고 했다. 물론, 예수나 붓다처럼 인류를 깨달음으로 이끌기 위해 하늘의 명을 받고 오는 영혼들도 있다는 내용이었다. 나는 아주 그럴듯하게 책의 내용에 빨려 들어갔다. 그중에서 가장 놀라운 내용은 삶의 모든 계획을 프로그래밍한 주체가 '나'라는 것이었다. 이번 생은 내 영혼이 나를 위해 계획한 삶이라는 대목이었다. 내가 이번 삶을 설계했다고? 믿을 수가 없었다. 얼마나 큰 성장을 바랐기에 가족의 죽음을 세팅하는 잔인한 계획을 세운 것인가. 가난, 자식을 외롭게 만든 엄마, 가족의 죽음, 장애가 있는 특별한 내 아들, 무엇보다 남편을 짝지은 이가 나라는 말인가. 하긴, 남편으로 인해 기도와 마음공부를 하게 된 것은 맞았다. 어느 날 남편에게 했던 말이다.

"자기는, 내가 기도하고, 공부할 수 있게 한 사람이야."
"응?"
"자기가 내 속을 썩이지 않았으면 내가 기도하고, 마음공부를 할 일이 없었을 거야."
"쳇!"

"깨달음을 얻을 수 있게 해줘서 고마워. 호호호."
"네네, 깨달음도 얻고 잘 나셨어."

 농담 반 진담 반으로 한 말이다. 남편은 내가 자신의 속을 긁는 거라고 생각할 수도 있을 테지만 내가 나를 다스려야 하는 부분에서 남편은 최고의 선물임은 틀림없다. 한 사람이 죽도록 미웠다가 참 많이 측은하게 보일 수도 있다니. 삶은 더 살아봐야 답을 아는 것이라는 생각이 들었다.

 아들이 태어나고는 어땠나. 그때 나는 내 모든 시련이 나의 부덕에서 온 것은 아닐까 의문을 가졌다. 내가 만약 벌을 받는 거라면 죄를 탕감할 선행이 필요했다. 내가 타인에게 베푼 공덕이 고스란히 아들에게 되돌아와 곱게 곱게 쌓이기를 바라며 이기적인 계산을 했다. 그렇게 소년원 입소자를 위한 소년 보호 위원으로 봉사활동을 했다. 소년원생들과 한 끼 식사를 함께하며 멘토로 도움을 주는 활동이었다. 나의 선행이 아들에게 축복으로 이어지길 바라는 인과를 따졌었다. 순수하지 않은 셈이었다.

 소년원의 높은 담장, 굳게 닫힌 철문을 열자, 운동장은 황량하기만 했다. 원생들이 생활하는 생활관을 가로지르며 합

숙소를 보는데 쿵쿵쿵 가슴이 뛰었다. 강당에 도착하자 도열을 맞춘 소년들. 짧은 머리, 단체로 입은 운동복, 커다란 덩치. 스무 살이 되기 전까지의 소년들이지만, 대체로 제 나이보다 많이 성숙해 보였다. 미리 사회를 경험하고, 쓴 일을 겪어서이려나…. 나는 그들을 탐색하며 묘한 기류를 읽기 위해 동물적인 감각을 곤두세우고 있었다. 그들은 강도, 살인죄 같은 무거운 죄부터 단순 폭행과 같은 다양한 죄목을 가진 소년들이다. 가까이 마주하니 더 쿵쿵쿵… 나의 편견이 작동했다. '이 중 누구는 사람을 죽인 사람이다. 수틀리면 난동을 부릴 수도 있을까?'라는 생각이 들자 어깨가 뭉쳐왔다. 깜냥도 안 되면서 왜 하필 소년원 봉사를 한다고 했을까 후회가 들기도 했으나 기우였다.

예리한 눈빛은 온데간데없이 코 박고 피자와 치킨을 달게 먹던 소년들. 먹을 때만큼은 천진한 아이들의 모습 그대로였다. "더 주세요." 처음 본 나에게 콜라 한 잔을 더 먹고 싶은 마음을 보였을 때, 나는 뭉클했다. 얼마나 마시고 싶었으면 먹는 내내 말이 없던 소년이 입을 뗐을까. 마침 우리 테이블에 콜라가 떨어져서 나는 멀리 있는 테이블에서 콜라를 가져와 가득 채워주었다. 어느새 나는 따뜻하고 좋은 어른이 되어주고 싶었다는 마음이 들어차고 있었다. 그러나 엄마의 시선 외엔 희망을 줄 멋진 말 같은 건 없었다. 그저 지금 이 순간 맛있게 먹는 모습을 지켜볼 뿐이었다. 시간이 흐르고 원생들이 마음을 열면 하나같이 하는 말이 있었다. "돌봐줄 어른이 없어요.", "외로워요."

그들과 만나며, 나는 내 새끼 잘 키우는 것이 국가를 위해 할 수 있는 '애국'이라고 생각했다. 엄마라는 역할과 내 가정, 내 아이들을 잘 돌보는 것이 너무도 당연한 일인데 잊고 살았었다. 그 작은 단위가 거창한 일을 하는 것보다 더 낫다고 생각했다. 가정이나 집단의 무관심이 아이들은 물론 사회적으로 미치는 파급은 컸다. 국가에서 투입되는 예산까지 본다면 그 손해는 엄청나다. 그러나 돌봐줄 어른이 없기에 외로운 아이들은 같은 상황을 되풀이했다. 다시 이곳 소년원으로 돌아왔다. 안타까운 악순환이었다.

특별한 아들이 아니었다면, 언젠가는 하겠다는 봉사를 실행에 옮겼을까? 모르겠다. 그랬다면 아이들을 키우는 표 안 나는 일이 귀하고, 가치 있는 일이라는 생각은 못 했을 것이다. 엄마의 역할은 사회적으로 긍정이든, 부정이든 파장을 일으킬 수 있음을 또다시 확인하는 자리였으므로, 나는 기꺼이 소년들의 엄마가 되었다.

삶이 고난을 계획해 놓은 이유와 그에 따른 가치가 있었다. 잔인하지만 고난이 축복이라는 말은 나에게 참말이었다. 물론 여전히 고난이 축복이 되는 경험을 쌓는 중이다. 삶의 해답을 찾을 수 없어, 지혜로운 사람이 되기를 기도했었다. 친구가 재밌는 이야기를 해주었다. 하느님께 지혜를 달라고 청하면 지혜로워질 수 있는 '상황'을 준다는 것이었다. 신은 내가 원하는 결과물을 바로 주는 것이 아니라 결과물을 얻을 수 있는 '과정'을 마련해 준다는 이야기였다. 어리석은 내가 그 뜻을 헤아릴 수가 없으니, 산전수전 공중전까지 경험했는지 모른다. 나는 내 방식대로 생각한 축복을 바랐기에 내게 주는 복을 보지 못했다. 미약하나마 오십에 들어서며 깨달은 진리는 이 세상의 삶을 아주 성실히 살아야 한다는 것이다. 삶이 계획에 놓은 복덩어리를 두 눈 크게 뜨고 주울 수 있게.

3-7

오늘만큼은 인싸, 카메라맨

6학년 아들의 소원은 '인싸'가 되는 것이다. '인싸'는 '인사이더의 약자로, 자신이 소속된 무리 내에서 적극적으로 참여하면서 사람들과 잘 어울려 지내는 사람을 일컫는 콩글리시 표현'이라고 한다. 사랑받고 싶은 마음은 인간의 본능 아닐까. 아들도 친구들에게 환영받고, 개그맨처럼 우스꽝스러운 행동과 농담으로 분위기를 들었다 놨다 하고 싶은 로망이 있었나 보다. 쉬는 시간이면 아들의 자리로 친구들이 우르르 몰려드는 그런 인싸 말이다. 그러나 아들은 인싸도 아니고 그럭저럭 보통인 '그럴싸'도 아니라고 한다. 인싸는커녕 오히려 전학을 가고 싶다는 이야기를 꺼낼 정도로 반 아이들과 소통하는 방법이 어렵다고 했다. 아들이 그와 같이 말을 했던 마음을 몸소 체감할 수 있었다. 공개 수업에서였다.

공개 수업은 선생님이나 아이들, 학부모에게도 긴장이 되는 날이다. 선생님과 아이들은 공개 수업을 잘 해내고 싶고, 부모는 우리 아이가 잘 지내고 있는지 지켜보는 마음이 뒤섞이는 날이다. 복도에서 기다리고 있으니 빼꼼히 내다보는 아이들은 벌써부터 들떠있다. 복도의 학부모를 의식하는 눈빛과 미소가 귀여워 나도 미소 띤 얼굴로 화답을 해주었다. 선생님의 안내에 따라 교실로 들어서는데 아들이 나를 반기며 내 품에 쏙 안겼다. 사람이 많은 곳에서 애정 표현을 꺼리는 아들이 공적인 공간에서 엄마를 안은 것은 왠지 아들을 잘 키운 것 같아 횡재 맞은 기분이었다.

그러나 내가 맛본 횡재와 다르게 쉬는 시간 10분. 단 10분 동안 내가 느낀 공기는 아들의 외로움이었다. 뻣뻣하게 경직된 어색한 행동과 같은 반 친구들을 조심스러워하는 아들의 표정을 보았다. 물과 기름 같은 석연치 않은 기류는 엄마니까 느낄 수 있는 예민함이었다. 그럼에도 몇 날 며칠을 준비한 햄버거에 대한 1분 스피치와 어버이날을 맞이하여 만든 카네이션과 어머니 은혜 리코더 연주까지 모두 성실히 해냈다. 다음은 과학실로 이동하여 과학 수업을 하였는데 테이블에 멀찍이 떨어져 홀로 앉아 수업에 참여하고 있었다. 수업 내내 덩그러니 떨어진 외딴 섬을 보는 것처럼 내 마음이 아렸다. '녀석 많이 힘들었겠다.'

집으로 되돌아오는 발걸음이 무거웠다. 난처해하는 아들의 표정과 부자연스러운 행동이 눈앞에 맴돌았다. 한껏 풀이 죽어 있던 아들이 너무 보고 싶었다. 하교 후 아들이 돌아오면 꼭 안아주며 오늘 고생했다는 말을 해주리라. 나는 발길을 돌려 마트로 향했다. 녀석이 좋아하는 방식으로 엄마표 위로를 해줄 작정이었다. 아들이 좋아하는 고기를 실컷 구워주기로. 고기, 상추, 버섯을 사고, 특별히 최애 간식 어니언맛 포테이토칩 대용량을 바구니에 담았다.

"집에서 연습한 거보다 더 잘하더라, 수업 태도도 좋고, 활동도 열심히 하던데!"

아들은 목소리가 생각보다 작았고, 안 떨릴 줄 알았는데 떨렸다며 아쉬워했다. 슬쩍 아들의 마음을 읽어 주어야 할 시간이 되었다. "그런데, 엄마가 보니까 제아가 좀 외로워 보였어. 그런데도 학교 열심히 다녀서 기특하더라." 아들은 참고 있던 감정을 이야기했다. 친구들이 무리에 끼워주지 않는 점, 자기의 말을 무시하듯 건성으로 대답하는 점, 쉽게 놀리는 점을 이야기했다. 공개 수업에 참여하지 않았다면 아들의 괜한 노파심이라던가 반 친구들의 미숙함이라며 관대하게 흘려버릴 말들이었다. 그러나 내가 흡수한 공기는 아들의 말이 모두 사실이었다. "그랬구나…." 나는 아들의 말을 깊이 수용할 수 있었다. '엄마가 봐도 그랬어. 네가 엄마 품에 안기고 싶었겠어.'

그간 나는 "힘든 일 있으면 엄마에게 다 이야기해. 엄마가 네 마음을 알아야 도와줄 수 있어."라고 말을 하고는 했다. 그러면서도 '설마 힘든 일이 있겠어.' 하며 별일 없는 쪽에 결론을 두었다. 사실 아이들이 감정을 숨기는 것을 염려해서 한 말이었다. 그러나 속내를 털어놓으며 진지하게 고민을 이야기하는데, 나도 어떻게 답을 해주어야 할지 난감했다. 마음 같아서는 아들을 힘들게 하는 녀석들을 모조리 혼내주고만 싶었다. 귀한 내 새끼를 소외시키고 함부로 하는 것이 화가 나고 마음이 아팠다.

아들이 원하는 대로 전학을 시켜야 할까. 이겨낼 수 있도록 달래야 할까. 겉으로는 태연하게 아들을 대했지만, 머리가 복잡했다. 부모는 자신의 문제보다 아이들의 문제에 더 민감하고, 쓰리다. 아이들이 몸이 아플 때면 차라리 내가 아팠으면 하는 게 부모이다. 그런 귀한 아이를 위해 내가 할 수 있는 방법이 떠오르지 않았다.

내 학창 시절은 어땠났나. 나 또한 함께 지내는 무리에서 소외를 당하기도 했고, 이름을 놀려대서 머리를 땅에 박고 다니던 소심하던 어린 시절이 있었다. 그 아픈 과정을 겪으며 나는 조금씩 의연하고 단단해졌었다. 무시할 건 무시하고, 당차야 할 때는 당차게 내 길을 만들어 갔다. 문득 아들에게도 깨닫고 성장하는 그 순간이 온 것은 아닐까 싶었다. 위기가 기회라는 말처럼 시련을 통해 배우고 성장하는 기회. 어쩌면 아들에게는 눈앞에서 고통을 해결해 주는 엄마보다 성장통을 지켜봐 주며 응원해 주는 엄마가 필요한 것은 아닐까. 지금이야말로 아들이 세상을 살아갈 힘을 기르며 묵묵히 벼르는 때인 것 같았다. 엄마인 나도 아들과 함께 엄마 내공이 쌓이는 때일지도 모른다.

"엄마도 어른인데도 아줌마들이랑 있을 때 외롭고 그래. 엄마 혼자한테만 말 안 시키고 그러더라." 아들은 눈이 휘둥그레진다. 누가 엄마한테 그러냐고 성을 내지만, 인간은 외롭기도 하고, 기쁘기도 한 것이 당연한 거라고 이야기를 해 주었다.

"엄마가 생각할 때 지금은 제아가 용감해져야 하는 시기가 온 것 같아. 제아를 지키고, 보호할 수 있게 하려고. 용감하게 너가 연습할 시간이다! 그렇게 생각하고 용기 내 볼 수 있겠어?" 아들은 "네." 하며 끄덕인다. 좀 더 크게 목소리를 낼 수 있을까 하니 "네!" 제법 씩씩하게 대답한다.

 최근 며칠은 졸업 사진을 찍느라 아침마다 샤워에 머리까지 감으며 깔끔을 떨었다. 무엇보다 콘셉트 사진을 준비하며 들뜨고 신이 났다. 친구들은 유명 축구선수, 야구선수 옷을 입고 찍는다며 자신도 콘셉트에 맞는 의상을 준비해 달라는 것이다. 아들이 정한 콘셉트는 유튜브 영상 〈스키비디 토일렛〉의 '카메라맨'이었다. 영화 〈맨 인 블랙〉의 까만 정장에 머리는 사람 얼굴이 아닌 카메라가 달린 캐릭터이다. 다소 독특한 콘셉트이지만 나는 아들의 소원을 들어주기로 했다. 갑작스러운 요구에 의상을 구할 수가 없어 장례업을 하는 친구에게 부탁하여 검정 정장을 준비해 주었다. 아들은 정장을 보고는 신나서 어쩔 줄 몰라 몸을 비비 꼬았다. 다행이다. 내 눈에는 가족을 보낼 때마다 보았던 아픈 상복이지만 아들 눈에는 카메라맨의 폼 나는 정장이니 말이다. 짠한 마음은 그저 나의 기분에 불과한 것임을 안다.

 드디어 콘셉트 사진을 찍는 날이었다. 아침부터 기온이 푹푹 쪘다. 까만 정장을 입고 등교하는 아들을 보며 더운 날

씨와 조금은 도드라지는 의상이 신경 쓰였지만 '오늘 너가 행복하면 됐다.' 하는 마음으로 응원했다. 아들을 키우며 줄곧 들었던 생각이 있다. 아들을 다른 아이들과 보조를 맞춰 튀지 않게, 엇비슷하게 다듬는 것은 아들이 바라는 행복이 아니라는 것. 아들을 키우기 전의 나는 무리 안에 무난하게 섞이고 안주할 수 있는 길만 보는 엄마였을지도 모른다. 하지만 아들을 키우며 '진정한 행복은 나답게 사는 것'임을 알아가고 있다.

그날 아들은 어땠는가. 평소보다 늦게 귀가한 아들은 세상을 다 가져 행복한 초등생 그 자체였다. 땀을 뻘뻘 흘리면서도 까만 정장과 가죽 장갑을 벗지 않았다. 물론 얼굴에는 카메라 박스를 뒤집어쓰고 있었다. "더운데 이걸 입고 다녔어?" 아들은 쉬는 시간, 점심시간, 하교하는 길에서도 카메라를 쓰고 다녔다고 한다. 그야말로 그날 하루를 온전히 즐기고 있었다. 나 같았으면 쑥스러워서 절대 할 수 없는 행동이다. 인기 영상답게 아들을 만난 아이들은 "카메라맨 쌍따봉 날려주세요."라고 환호했고, 신기해하며 사진까지 찍었다고 했다. 그러면 아들은 멋지게 엄지손가락을 들고 따봉 포즈를 취해주었단다. 평소 자주 땡땡이치던 태권도 학원까지 가서 카메라를 쓰고 있었다고 하니, 카메라맨을 즐기고 싶은 마음이 이해됐다.

"얘들아! 카메라맨이라고 불러 줘."

카메라맨이 된 아들의 하루는 그토록 바라던 '인싸'가 된 날이다. 교실에서 무시하던 친구들도 아들이 준비한 콘셉트를 두고 말을 건넸으며, 카메라맨으로 분장한 아들에게 대단하다고 했다며 신이 났다. 하얀 와이셔츠가 흠뻑 젖도록 흘린 땀은 인싸로서 흘린 값진 땀방울 아니었을까.

인생 심각할 필요가 있으랴. 아들이 바라는 대로 한 방향을 보고 걸으면 되겠지. 외딴 섬에도 나름의 행복을 찾고 즐길 수 있는 방법은 얼마든지 있지 않을까. 아들아, 오늘 하루는 이렇게 행복한 것으로 하자. 하루하루 기쁜 날이 차곡차곡 쌓이면 너의 마음이 기쁨으로 가득하지 않을까. 너의 행복을 더 많이 지지하는 엄마가 될게. 엄마는 너로 인해 아직도 배울 게 넘쳐날 것 같다.

3-8

엄마라는 이름을 걷다

'엄마 보고 싶어요. ㅜㅜ'

오후 7시 6분. 카톡창에 딸의 메시지 한 줄이 덜렁 남겨있다. 이 시간은 학교에서 석식을 먹고 한참 자율학습을 하는 시간이다. 노을이 내려앉는 5월 하늘에 감동했으려나 엄마 생각을 떠올리는 글이라도 읽은 걸까. 딸은 감동해도 울고, 슬퍼도 울고, 기뻐도 우는 소녀였다.

한 번은 〈쥬뗌므〉라는 노래를 들으며, "이 노래를 들으면 아름다운데, 슬퍼요."라고 했다. 설렘 가득한 간지러운 사랑 노래였다. 가사를 깊이 음미해 보았으나 딸이 슬프다고 말한 마음을 이해할 수 없었다. 사랑이 깨질까 봐 슬프다 했을까? 더 알고 싶어 "제이 누구 짝사랑해?"라고 물었다. 딸은 조금 설명을 하다가 "엄마는 T 같아요."라고 했다. 뭐야 한 대 맞은 건가? "좋은데 좋지 않아요.", "별로인데 괜찮아요." 등 딸의 언어는 자신만의 미학인지 친구들 사이의 유행인지 모를 아이러니를 담고 있었다. 자신이 쓰는 언어가 나를 헷갈리게 할 수 있다는 생각보다 '척'하면 '착' 알아듣는 무조건의 공감을 바랐던 것 같기도 하다. 답답한 마음에 딸은 나를 T로 만들어 버렸다. 딸에게 F의 공감은 어떤 것일까? MBTI는 억측이 많다. 어쩌면 나는 딸에게만 T인 엄마였을까? 졸지에 나는 T가 되어야 했지만, 딸은 감성이 풍부한 열여덟 소녀였고, 딸에게 나는 감성을 읽어내기 역부족인 감성 제로 엄마였다. 면박 주며 몰아세울 때와 달리 딸은 마음이 복잡할 때면 여지없이 나를 필요로 했다.

'ㅠㅠ' 눈물 이모티콘은 어떤 감정을 담은 것일까. 하필 충청도에서 일정을 보고 있느라 메시지를 확인할 틈이 없었다. 집으로 출발하기 전 딸에게 전화를 걸었다. 보통은 '자율 학습 중이에요.'라는 메시지를 보내는 딸이었는데, 전화를 받았다. 그날 하루 아니 그전부터 균열이 있었던 친구들과의 긴 이야기를 털어놓았다. 아홉 명의 등장인물, 이름도 비슷비슷한 얼굴을 모르는 친구들과 얽힌 이야기였으나 결론은 딸이 울먹인다는 것이었다.

"저 머리가 아픈데요. 오늘 집에 일찍 가면 안 될까요?"

낚였다. 울먹이는 아이에게 대수롭지 않은 일처럼 대하며 자율학습을 강요할 수 없었다. 좋은 엄마 콤플렉스였다. 자정이 넘어 집에 도착할 때까지 딸은 나를 기다리고 있었다. 평소 같으면 피곤한 나를 배려했을 딸인데, 마음에 가득 들어찬 먹구름은 소나기를 토해내었다. 완벽한 우정이 갈라지는 슬픔과 궁지에 몰린 자신의 고단한 하루를 쉼 없이 쏟아냈다.

"속상했겠네."
"제가 어떻게 해야 할까요?"
"너가 하고 싶은 대로 해. 다른 친구 눈치 보지 말고."
"…."
"대신 이런 일이 없었다면 제일 좋았겠지만, 다 필요해서 일어나는 일일 거야. 이 일로, 슬픔에만 빠져있지 말고, 이런 일이 왜 너에게 왔을까 생각해 봤으면 좋겠어. 단점이 가득한 일에도 장점은 늘 숨어있으니까."

시련을 통해 얻어지는 보물을 딸이 이해할 수 있을까. 사실, 어떤 해결을 바라기보다 엄마에게 감정을 털어놓는 것만으로도 충분히 위안이 되었을지 모른다. 그럼에도 딸이 더 깊은 곳의 자신에게 가닿기를 바랐다.

딸은 불편한 상황을 만들기 싫어 먼저 사과하던 아이였다. 늘 상대의 입장을 먼저 이해하고 공감하며 자신이 만든 배려에 갇혀있었다. 유전인지, 선천적인 기질인지, 학습된 사회화인지 모를 일이다. 자신을 뒷전에 두고 예의 바르기만 하던 딸은 외웠을까. 그런 딸이 18년 인생을 통틀어 처음으로 친구에게 큰 소리를 냈다고 한다. 초등학생 때도 하지 않던 '나 화났어!' 하는 감정을 있는 그대로 드러냈단다. 감정을 다루지 못해 화를 내면 이상한 아이라고 생각할 것 같았기에 참고 자제하던 딸. 어찌 되었든 나는 딸의 작은 일탈을 축하하며 마음으로 응원했다. 자신의 금기를 벗어버리길.

딸은 새로운 보물을 획득했다. 자신의 돌발 행동에도 친구들이 마음을 읽어주었다는 것이다. 그로 인해 '내가 잘 살아왔구나.' 느끼는 계기가 되었으며, 감정을 표현해도 안전하다는 것을 배웠단다. 다행히도 딸은 자신에게 닥친 일을 현명하게 받아들이고 있었다. 소낙비에 흠뻑 젖으며 이제는 착한 아이 증후군에서 벗어날 수 있을 것 같다고 했다.

"이제부터 제가 저를 사랑해 주려고요."

똑똑한 아이다웠다. 내가 중년이 되어야 알게 된 진리를 딸은 단박에 알아차리고 있었다.

우리는 아픔을 통해 인생을 배운다. 아이들도 그랬다. 똑 부러지게 말은 했어도 딸은 한동안 침울하게 등교를 했다. 관계의 통증을 견뎌내며 내면이 단단해지는 방법을 배우고 있었나 보다. 한 뼘 훌쩍 자란 딸의 마음이 대견했다. 그럼에도 아이들이 마음 다치지 않고, 즐겁고 신나기만 바라는 어미의 모순은 어쩔 수 없는 것 같다. 엄마로서 딸의 아픔을 지켜보는 내 마음도 쑤시고 시큰거렸다. 그렇게 나도 엄마로 커가는 중일 거다. 삶에서 불어오는 시련을 품으로 꼭 끌어안을 수 있는 '엄마'라는 존재라서 좋다.

3-9
나의 첫 번째 우주

분명 악몽을 꾼 것도 아닌데 놀라서 잠이 깼다. 진회색 어둠이 사위를 채웠다. 겨울의 아침은 커튼을 걷어 창밖을 확인하지 않고는 시간을 가늠하기 어려웠다. 더듬더듬 휴대폰을 찾아 시간을 확인하니 7시 30분. 한 시간이나 늦잠을 잤다. 지각이었다. 딸의 방문을 열었다. 내 방보다 더 어두운 딸의 방. 이불을 더듬어 딸을 흔들었으나 묵직한 감촉 대신 풀썩 주저앉으며 이불이 꺼졌다. 거실과 욕실 어디에도 딸의 기척이 없었다. 딸에게 전화를 걸었다.

"어디야?"
"학교요."
"학교? 엄마 깨우지."
"피곤하셨나 봐요. 푹 주무시더라고요."

"딸 나가는 것도 못 보고 미안해라."
"에이 괜찮아요. 저는 엄마가 주무시는 게 더 좋아요."
"…."

누가 엄마인지. 나의 미흡함을 덮어내는 딸의 말 마디를 듣다 보면 이런 기특한 아이가 어디에서 왔나 싶다. 예쁘게 말하는 딸을 보며 '자식 복도 많다.'는 생각에 새삼 감사하다. 그러나 마음 한편엔 아침밥도 못 먹이고 보낸 엄마 속은 편치만은 않았다. 허기져서 어떻게 수업을 하려나.

딸이 고등학생이 되고부터 이른 아침 등교와 늦은 귀가를 하게 됐다. 갑자기 뒤바뀐 생활에 딸도 고생이었지만 사실 나도 체력이 부쳤다. 아이보다 먼저 일어나 아침을 준비했고, 아이가 자는 것을 보고 잠이 들어야 했다. 공부하는 딸이나 뒷바라지하는 부모나 대학이라는 목표를 향해 나아가는 길은 힘겨웠다. 먼저 체력이 고갈된 것은 나였다. 책가방 한 번이라도 더 들어주려고 "엄마 줘." 하던 나였다. 그런데 언제부터인지 딸은 장 본 짐을 나보다 더 거뜬히 들었다. 무거운 장바구니를 딸에게 맡겨야 하는 신세가 됐다. 이제는 잠에서도 기진맥진했다. 딸은 늦은 시간까지 시험공부, 학원 숙제, 수행평가를 하느라 깊은 새벽에 잠드는 날이 많았다. 그런 딸이 씻고, 드라이로 머리를 말리고, 옷을 갈아입고 현관을 빠져나갈 때까지 나는 고요히 잠을 잤다. 곱게 잘 키우고 싶었던 딸에게 나는 점점 부족하고 허당인 엄마가 되어가는 것 같았다.

딸의 출산을 앞두고 산모 교육을 받았었다. 아이가 나오는 순간과 호르몬 변화, 산후 우울증 등 모두 머리로만 인지가 가능할 뿐이었다. 그러나 내게 크게 각인된 부분은 좁은 산도를 통과하는 동안 산모가 느끼는 고통보다 태아가 느끼는 고통이 더 크다는 내용이었다. 출산의 순간 엄마인 내가 딸을 위해 할 수 있는 일은 아이가 좁은 산도에 머무는 시간을 최소한으로 줄여주는 것이었다. 나는 사투를 벌이는 아이를 위해 있는 힘을 다하기로 했다. 그까짓 것 못할까. 딸을 위해 나는 결연했고 은근 자신 있었다. 우리 엄마도 아이를 네 명이나 낳았는데….

딸이 태어나던 날 새벽 진통이 왔다. 출산 교육에서 배운 순서대로 일이 진행되는 것이 신기했다. 곧 아이를 만나겠구나…. 설렘이 일었다. 출산 준비물을 미리 싸 두었으므로 나와 남편은 가방을 들고 룰루랄라 신나게 산부인과로 향했다. 그러나 새벽에 시작된 진통은 정오가 지나도록 계속되었다. 내 몸은 서서히 지쳐갔고, 거듭되는 진통으로 두려웠다. 들이쉬고 내쉬고 단순한 호흡조차 뜻대로 되질 않았다. 여자로 태어나 겪는 육체적인 고통이 무섭고 혼란스러웠다.

분만실 안에 의사와 간호사, 남편이 왔다 갔다 분주했으나 누구도 나의 고통을 덜어주지 못했다. 모든 것은 내가 감내해야 하는 몫이었다. 물론 아이도 마찬가지였을 것이다. 열쇠는 나와 아이였다. 나는 다시 힘을 냈고, 아이도 힘을 다해 산도를 지나고 있으리라. 우리 둘의 첫 협업은 오후가 지나서야 끝이 났다.

딸을 낳으며 아이를 세상으로 초대하기까지 내가 사라지는 순간을 숱하게 만났어도 쓸쓸하지 않았다. 직장이 사라지고, 나의 이름이 사라지고, 내 시간이 사라지고, 내 욕구를 내려놔야 할 때도 아이를 위해서라면 감당할 수 있는 소멸이었다.

그러나 생애 첫 아이를 품에 안고는 환희 못지않게 여자의 인생에 대한 묘한 비관과 서글픔이 밀려왔다. 이 작은 생명이 방금 저를 낳느라 내가 겪은 산고를 똑같이 감당해야 한다는 것이 아팠다. 출산은 육중한 몸으로부터 해방일 줄

로만 알았으나 아이의 미래를 떠안으니 그 삶이 애틋했다. 한 생명이 내 안으로 걸어오는 것은 그의 삶과 온 우주가 함께 온다는 숭고한 의미를 절감하는 순간이었다. 한 생명을 얻기 위해 지불해야 하는 대가는 몸의 변화를 넘어 그 생명을 지켜내고 단단하게 키워내도록 정신과 영혼까지 내어 주는 것임을 미처 몰랐다.

나는 희망했다. 딸이 살아갈 세상은 여자로서 내가 겪어야 했던 부당한 세상과 다를 것이라는 기대, 무엇보다 엄마로서 내가 만들어 주는 환경은 나의 엄마와는 다를 것임을. 출산의 해방만을 기대하던 나는 엄마로서 공부가 덜되어 있었다. 작은 생명 안에 깃든 방대한 우주를 발견하며 당혹스러웠다.

'아가야, 네가 해맑게 살 수 있으면 돼.'

내 첫 번째 우주는 어느새 고등학생이 되었다. 딸이 자라면서 큰 사람이 되기를 바랐는데 딸은 내면이 넓고 큰 아이로 잘 자라 주었다. 고등학생이라는 신분에 맞게 분투하며 세상을 향해 비행하는 딸에게 해줄 수 있는 게 별로 없는 엄마라서 미안하다. 더불어 해줄 게 없게 하는 딸이어서 감사하다.

3-10
그날 우리는

일요일 아침, 이른 시간부터 아들은 컴퓨터를 꿰차고 있었다. 등교하는 날 같으면 이불을 칭칭 감싸고 늦잠 잘 시간이지만 휴일이면 가장 먼저 일어나 컴퓨터 앞에 있는 게 신기할 따름이다. '도대체 게임이 뭐길래.' 싶어 어떤 게임을 하는지 화면을 들여다보았다. 아들이 보고 있던 채널은 '흔한남매'였다. 흔한남매는 오빠 '으뜸이'와 동생 '에이미'가 티격태격하는 보통의 남매 이야기를 담은 영상이다. 내가 보기에는 유치찬란한 영상이지만 아들은 배꼽을 잡고 깔깔거리며 웃을 만큼 재미있어한다. 흔한남매 만화 시리즈도 인기가 상당해 신간은 도서관 대출이 힘들 정도다.

어느 날 아들이 말했다. "으뜸이랑 에이미가 사귄대요." 또 더 있다가는 "둘이 결혼했대요." 종종 소식을 전해와서 나도 흔한남매의 근황을 제법 알고 있다. 때마침 아들이 보던 영상은 흔한남매가 아이를 출산하는 장면이었다. 사귄다고 하고, 결혼을 했다더니 이젠 아이를 낳는가 보다. 그 모든 과정을 공개하는 것을 보며 290만이 넘는 인기 채널의 숙명인가 싶었다. 출산하는 영상을 보도록 허락해야 하는지 금지해야 하는지 파악이 되지 않아 함께 시청했다. 영상은 참으로 리얼했다. 내 두 번의 출산이 떠오를 만큼 그녀의 고통이 전해져 심장이 두근거렸다.

"엄마, 내가 태어났을 때 엄마도 저렇게 힘들었나요?"

아들은 아이를 낳는 에이미의 모습이 힘들어 보였는지 나에게 질문을 했다. 나는 힘들지만 기뻤다는 정답과도 같은 아름다운 답을 했다.

아들의 출생예정일은 무더위가 한창인 8월이었다. 남산만 한 만삭의 몸으로 8월을 지내기는 무척 힘겨웠다. 하루하루의 태양은 강렬했고 길고 지루했다. 빨리 출산하길 바라는 기대와 달리 아기는 예정일을 넘기고서야 세상으로 나올 기미를 보였다. 아들이 태어나던 날은 새벽부터 비가 부슬부슬 내렸다. 처음 하는 출산이 아니어도 아이를 낳는 순간은 긴장이 됐다. 진통을 기다리며 분만실에 덩그러니 있으려니 괜스레 무서운 마음이 들었다. 아들을 임신한 기간 동안 나와 남편은 갈등이 심했었다. 인생에서 큰 좌절을 겪는 중이었고 갑작스러운 위기에 현명하지 못했다. 그러나 출산의 순간 가장 먼저 떠오르는 사람은 남편이었다. 남편의 손을 잡고서야 마음이 안정되었다.

십자가에 못 박힌 예수의 고통이 이랬을까. 차라리 죽어 이 모든 고통이 끝나기를 바라는 순간에 이르러서야 아들이 태어났다. 아들의 울음소리가 우렁차게 울려 퍼지며 나는 아득한 먼 세계로 의식이 이동했다. 아무 소리도 느낌도 감지할 수 없는 영원의 순간에서 정신이 몽롱해졌다. 그때였다.

"어, 손가락이 왜…?"

남편의 소리가 영원으로 사라지려는 내 의식을 붙잡았다. '이건 무슨 소리인가.' 꿈을 꾸고 있는 것 같았다. 멍한 내 시간은 일시 정지였다.

'손가락 열 개, 발가락 열 개 정상입니다.' 언젠가 TV에서 한 산부인과 의사가 말했다. 갓 태어난 아이의 이상 유무를 확인하는 방법은 손가락, 발가락이 다 있고 아이가 잘 울면 되는 거라고. 그러나 이제 막 태어난 아이는 손가락 열 개를 채우지 못했다. 분명 초음파 검사를 했을 때, 손가락 열 개, 발가락 열 개를 확인했었고, 심장도 신장도 건강하다고 했었다.

예상하지 못한 일이 벌어졌다. 갓 태어난 아들의 왼손은 손가락이 자라지 못했다. 그 다름이 어떤 것을 의미하는 건지 체감이 되지 않았다. 그저 막연하게 크면서 손가락이 자라고, 괜찮아지겠지…. 편리하게 생각을 했다. 몽롱한 꿈속을 헤매고 있어서였을지 모르겠다. 모든 순간이 비현실이었다. 이런 나를 두고 남편은 씩씩하고 대견하다며 감사했다. 그렇게 말하는 남편의 눈은 빨갛게 충혈되어 눈물이 달려 있었다. 나는 씩씩한 게 아니었다. 상황에 대한 감각을 인지하지 못했을 뿐이었다.

분만을 주도한 의사가 병실을 찾아와 위로했고, 간호사와 조리원 직원들은 유독 나에게 친절했다. 특별한 환대를 받을수록 험난한 내 길을 반증하는 것 같았다. 이럴 때 나는 어떻게 처신해야 하는 걸까. 잘 몰랐다. 울어야 하는 건지, 희망을 가져야 하는 건지, 도무지 떠오르지 않았다. 그해 여름, 태풍 볼라벤이 한반도를 강타한다는 뉴스가 휩쓸었다. 태풍 피해를 예방하기 위해 베란다 창문에는 신문지를 붙이거나 테이프를 엑스자로 붙이라고 TV에서는 떠들어댔다. 내 마음엔 무얼 붙여야 무너지지 않게 예방할 수 있는 걸까. 누구 하나 알려주는 사람이 없었다.

 실의에 빠져있을 시간 없이 아들의 황달 수치가 무섭게 치솟았다. 산부인과와 소아과에서 협진을 하고 있었으나 수치가 떨어지지 않았다. 태어난 지 하루밖에 되지 않은 아이를 품에 안고 신생아 집중치료실이 있는 큰 병원을 찾아 나서야 했다. 아직 이름도, 주민등록번호도 없는 아이를 접수하고 진료실을 찾아 병원 이곳저곳을 쏘다니는 내가 보였다. 축 늘어진 분홍색 산모복에 발목까지 내려오는 내복을 덧입고 질끈 묶은 머리는 떡져있었다. 아픈 아이를 돌보느라 내가 조리를 해야 하는 산모인 것을 잊었다. 맨발로 슬리퍼를 신은 발가락에 에어컨 냉기가 스며들었다. 발가락이 시큰거려 발가락을 오므렸으나 동상에 걸린 것처럼 발가락이 점점 아파왔다. 늦은 출산이라 둘째 낳으면 몸조리를 더 잘해야 한다고 했는데… 발가락이 시려올수록 마음도 시리게 서글펐다. 유리에 비친 저기 생기 없이 얼빠진 미친 여자가 나였다.

나는 용인 조리원에 아이는 나와 떨어져 분당 병원에 입원을 해야 했다. 아이가 없는 조리원에서 덩그러니 혼자 있는 나는 어디에도 어우러질 수 없는 이방인 같았다. 불어나는 모유를 짜서 정해진 면회 시간에 맞춰 모유를 가져다주는 일 외엔 할 수 있는 일이 없었다. 나와 혈액형이 달라 생기는 현상인 것을 알고 있었다. 첫아이 때 경험이 있었으므로 소아과 의사에게 그런 상황을 이야기했으나 의사는 자연치유가 된다며 내 의견을 무시했었다. 아이를 그 지경까지 몰고 가 속으로 부아가 치밀었지만 지금은 아이가 회복되는 것이 먼저였다. 무엇보다 특별한 내 아이를 품에 안고 싶었다. 아들은 교환 수혈을 해야 할 정도로 수치가 높았지만 잘 이겨내며 회복되었다. 다행인 건 아들은 신생아집중치료실에서 가장 우렁차게 울어대는 환자였다. 그랬다. 내가 본 아가들은 인큐베이터 안에서 숨조차 가늠할 수 없는 아가들이 많았다. 사람인가 싶을 만큼 손바닥만 한 아이부터 가슴을 개복한 아기들까지 주렁주렁 각종 약물을 달고 있었다. 그런 아이들 틈에서 나의 아이는 분유도 쭉쭉 잘 빨고, 배고프면 목청껏 울 수 있는 튼튼하고 건강한 신생아였다.

집중 치료를 마치고 아들과 함께 집으로 오던 날, 밤에 수유를 하다가 참았던 눈물을 터뜨렸다. 집에 돌아와서야 현실을 마주했다. 분홍 산모복 미친년이 엄마로 돌아온 것일까. 장애를 가진 아들. 앞으로 어떻게 살아가야 할지 막연하고 막막했다. 나를 씩씩하게 보는 사람들 앞에서 내 눈물을 들키고 싶지 않아 숨죽여 울었던 날들. 아이를 꼭 안으며 연약한 나는 어쩌지 못했다. 기다란 속눈썹, 오똑한 코, 야무진 입술, 환한 내 아가. 커다란 숙제를 받아들고 나는 하늘에 엎드렸다. 제발, 도와주세요.

그때 나는 드라마 공부를 하며 행복했었다. 대본을 쓰는 동안은 남편이 당한 사기, 신용불량, 밀린 월세와 공과금을 싹 잊었다. 드라마 속 판타지는 현실을 잊게 하는 묘약이었다. 그래서 나는 출산을 하면 더 열정적으로 드라마를 쓰겠노라 다짐을 했었다. "선생님, 딱 한 달만 있다가 올게요!" 몸조리 한 달 후면 가벼워진 몸으로 수업에 가려던 참이었다. 내 계획은 산산이 부서졌다. 내 대본을 아껴주고 좋아해 주던 선생님께 메일을 보냈다. 아들의 상황을 알리고 아들을 키워야 하므로 글을 놓아야 하는 이유를 전했다. 나에게 돌아온 선생님의 답은 멋있었다. 안타까운 상황을 위로하고, 내 마음을 공감하는 내용이었다. 마지막 한 줄은 '아이 뒤에 숨지 말라.'는 드라마 작가다운 글을 남겼다. 그 한 줄은 힘이 되었고, 나는 6개월 과정의 수업을 마무리했다. 하지만 나는 내 꿈보다 아들 곁에 있는 엄마이길 택했다.

  삶의 과정 중에 힘들고 지치는 순간은 무수히 많았다. 그 상황마다 좌절하거나 혹은 이겨내는 선택은 나의 몫이다. 모든 순간을 이겨내는 쪽을 선택했다고 할 수 없다. 때로는 좌절하기도 했고, 때로는 극복을 해내기도 했다. 어찌 보면 주저앉아 나아가지 못할 때조차 나의 일부인 것을 알기까지 오랜 시간 시행착오를 거듭했다.

  아들, 질문을 바꾸어 보자.
"엄마 내가 태어났을 때 엄마도 저렇게 힘들었나요?" 대신에 "엄마 내가 태어나서 행복했나요?"라고.

  이제 나는 자신 있게 말할 수 있어. 특별한 너를 낳아서 내가 어른이 되어 가고 있으며 너무너무 행복하다고. 지금의 엄마는 서른의 엄마보다 더 크고 다시 태어나도 지금의 너를 만나고 싶다고.

3-11

시간이 하는 일

"엄마, 저기 장애인 주차장에 주차하세요. 저 장애인이잖아요."

"우리는 주차 안 돼. 저기는 보행에 장애가 있는 장애인 차를 주차하는 곳이야."

주차공간이 마땅치 않아 주차장을 몇 바퀴 돌자 아들이 건넨 말이다. 아무렇지 않게 '저 장애인이잖아요.'를 툭 뱉을 만큼 아들은 자신의 장애를 인정하고 의연하게 받아들이고 있었다. 아들은 장애인 주차공간에 주차할 수 없는 것을 안타까워했으나 나는 예상 밖의 말에서 아들의 단단한 내면을 보았다. 장애에 대해 특별한 철학을 가지거나 어떻게 키우겠노라는 거창한 목표 같은 것은 없었다. 다만 아들이 부딪히게 될 현실을 미화하거나 부인하지 않으려 했다. 그런 마음이 통하는 것 같아 흐뭇했고 훌쩍 큰 아들이 대견했다.

내가 공부하던 '문장공부' 커뮤니티에서 백일장이 열렸었다. 주제는 '100일간 당신이 원하는 사람의 몸으로 살 수 있습니다. 당신은 누구의 몸을 빌어 어떻게 살아보고 싶은가요. 그리고 100일이 지난 후, 당신은 선택해야 합니다. 지금의 삶으로 돌아갈지 그렇지 않으면 당신의 삶을 모두 내려놓고 당신이 선택한 그의 몸으로 살아갈지.' 상상이지만 내가 아닌 누군가로 살아본다는 생각만으로 설레는 시간이었다. 여러 사람을 떠올려보았지만 이내 그 삶이 지닌 동경은 생명을 잃었다. 아들을 떠올리자 이상하게 기대감이 솟았다. 나는 단연코 아들의 삶을 100일간 살아보고 싶었다.

탄생하는 순간의 기쁨도 잠시 놀라움과 충격을 준 나의 아들, 중증장애. 그가 살아갈 다름이 삶에 어떤 영향을 미치는지 공감하고 싶었다. 비장애인으로 장애인의 삶을 공감하겠다는 것은 우월감이었을까? 사실, 다른 왼손을 아들 스스로 어떻게 받아들이는지 예민하게 체크하지도 툭 터놓고 물어본 적이 없었다. 겉으로는 좋은 엄마처럼 쿨하게 굴었는지 모르겠으나 조심스러웠다. 나의 질문과 반응이 아이에게 미칠 영향이. 그래서 나는 그저 짐작하고, 아이의 말과 행동으로 유추하는 엄마로 아들을 지켜보았다.

"쟤, 손 이상해.", "손이 무서워."라고 말하며 흘깃거리며 피하는 친구들을 만났을 때 아들의 마음은 어땠을까? 분명 들은 것 같은데 아들은 모르는 척 지나쳤다. 초등학교 1학년 때 아들이 말했었다. "엄마, 전소희가 내 손이 무섭다고 했어요."라며 학교에서 있었던 일을 이야기했다. 혹여 아들이 상처 입지 않았을까 염려되었다. "그랬어. 그래서 제아는 마음이 어땠어?" 나는 아들의 마음을 살폈다. 아들은 안 좋았다는 말을 하며, 손이 무섭다고 한 친구에게 당당히 손을 보여주며 더 무섭게 했다고 한다. 나라면 위축되어 왼손을 감추었을 텐데. 아들은 도리어 필살기가 되는 무기처럼 기발하게 왼손을 사용했다.

물론, 아들의 장애만을 이해해 보겠다는 의도는 아니다. 알쏭달쏭한 아들을 더 알고 싶어서다. 아들은 또래 아이들과 생각하거나 행동하는 것이 조금은 달랐다. 남편도 아들을 보며 4차원 같다는 이야기를 종종 했다. 나도 아들의 차원이 궁금해 심리상담을 받기도 했었다. 가끔 멍 때리며 꿈뻑꿈뻑 천장을 볼 때는 무슨 생각을 할까? 학원을 빠지고 놀이터를 빙빙 돌거나 혼자 그네를 탈 때는 해방감일까? 고독

감일까? 자기 신발이 아닌 다른 친구 신발을 신고 오는 건 왜일까? 필통도 없이 빈 가방을 들고 다니는 초등은 나의 아들만 그런 걸까? 아들의 삶을 100일간 살아낸다면 장애를 가진 영역이든, 또래와 다른 영역이든 온전히 공감할 수 있을지 모를 일이다. 그럼에도 나는 아들을 알고 싶고, 그의 세계가 많이 궁금했다.

"어머님, 제아가 도장엘 안 왔습니다. 무슨 일 있나요?"

집에 도착할 시간이 훌쩍 넘은 시간이었다. 태권도장도 빠지며 아들은 어디에 있는 걸까. 전화를 걸었으나 전화를 받는 사람은 아들이 아니었다. 전화기도 잃어버리고 놀이터도, 문방구도, 분식을 파는 가게에도 아들이 없었다. 혹시 학교에 있으려나 싶어 학교 건물을 다 뒤질 요량으로 학교에 들어갔다. 코로나로 출입이 금지되던 시기였기에 나의 방문은 무식한 행보나 다름없었다. 그렇게 들어가 아들을 발견한 곳은 학교도서관이었다. 허둥지둥한 내 시간과 달리 아들은 평화로이 책을 읽고 있었다. 아들을 찾아 안심했으나 넓은 도서관에 혼자 앉아 있는 모습은 짠하기도 했다. 사서 선생님께 꾸벅 인사를 하고 슬그머니 아들 곁으로 갔다.

내가 다가가자 아들은 나를 올려다보며 말했다. "엄마 왜 왔어요?" '왜 왔냐고?' 너무나 태연한 물음에 당황한 것은 나였다. 저를 찾느라고 애타던 시간이 무색해지는 순간이었다.

"연락도 안 되고 너 전화기도 잃어버려서 걱정했잖아." 아들은 그게 왜 걱정이 되는지 모르는 눈치였다. 책을 마저 보고 싶다기에 나는 정리할 시간을 주었다. 사서 선생님은 곧잘 남아서 책을 읽는다며 아들에 대해 아는 체를 했다. 그랬구나. 나는 모르던 아들의 일상이었다. 덩그러니 있던 아들을 보아서일까. 초겨울 한기가 배인 회색빛 학교는 스산했다.

"아들, 엄마한테 미안하지 않아?"
"엄마야말로 미안해야죠! 재미있게 책을 읽고 있는데 엄마가 제 시간을 방해했거든요!"

띠웅. 적반하장이다. 그런데, 묘하게 안심이 되는 반격이었다. 책 읽기를 즐기는 너, 고독을 즐길 줄 아는 너, 자신의 의견을 주장할 줄 아는 너 모두 안심이었다. 그러나 아이들이 모두 빠져나간 학교 도서관에서 혼자인 너 진짜 괜찮은 거니? 묻고 싶었다.

100일이라는 시간 동안 아들로 살아본 후에 나는 다시 엄마로 돌아가고 싶었다. 어떨 때는 기특하고 어떨 때는 어깨가 축 늘어져 소심한 아들을 있는 그대로 받아들이고 사랑하며 묵묵히 곁에 있기 위해.

아들을 키우며 하루하루의 시간 안에서 교감했고, 예쁘게 자라는 모습에 흠뻑 빠져 지냈다. '장애를 가진 아이니까…' 라며 세심하게 살피는 특별 대우 같은 것은 없었다. 장애가 있다고 해서 매일 손의 불편함을 인식하며 살지도 않았다. 비장애인인 내가 생각하지 못하는 방법으로 아들은 자기만의 창의성으로 왼손을 사용했다. 그야말로 아이만의 독창성과 가능성을 열어갔다. 그 모습은 나의 고정관념을 보게 했는데 내가 상식이라 규정하던 것들은 아들에 의해 깨지거나 확장됐다. 아들을 만나 새로운 경험을 하는 건 나였다. 우리의 삶에는 시간이 필요했다. 지금까지 또 앞으로도. 시간이 흐르며 우리의 많은 경험은 무르익어 꽃 피우고 열매를 맺을 것이다. 나는 시간이 하는 일에 우리를 맡겨 보기로 한다.

3-12

그냥 사람입니다

 연필을 깎아 아들의 필통에 채워 넣으며 '연필 깎아 주는 것도 올해가 마지막이네.' 싶었다. 중학생이 되면 연필 대신 샤프와 볼펜이 대신할 테니…. 뾰족하게 깎은 연필처럼 설레는 마음으로 새 학기를 준비한다. 그중 가장 중요한 것은 기도였다. 3월, 아이들이 새로운 학년을 맞을 때면 소통이 잘 되는 선생님과 결이 비슷한 친구들을 만나기를 바랐다. 어떤 선생님을 만나고 어떤 친구들을 만나느냐에 따라 그 학년과 일 년의 분위기에 영향을 미치기 때문이다. 새로운 것은 설렘을 주기도 하지만 긴장감을 동반했다.

 새학기가 되면 엄마로서 역할도 제법 많았다. 부모의 동의와 서명이 필요한 안내장과 시작을 잘할 수 있도록 살피는 일이다. 특수교육대상자인 아들의 경우는 개별화교육지원팀협의회를 통해 아들에게 필요한 교수 학습 방법에 대한 회의를 진행하는데, 내가 가장 중요하게 꼽는 협의회이다. 아무래도 아들에 대한 이해가 선행되면 일반학급 교사가 가르치는 데 도움이 되기 때문이다.

1학년부터 6학년이 될 때까지, 나는 매해 특수교사, 담임교사, 교감선생님과 함께 개별화교육지원팀협의회를 했다. 매 학년 담임선생님은 아들의 적극적인 부분을 칭찬했고, 수업 태도와 발표력에 대한 긍정적인 피드백을 주었다. 이는 교실 내에서 잘 지내고 있다는 알림이었다. 새 학년을 시작하고 얼마 지나지 않아 진행되는 협의회였기에 선생님께서 아들을 속속들이 알 수 없는 시점이다. 짧은 협의회에서 내가 중요하게 바라보는 요건은 선생님의 성향과 아이를 바라보는 시선이었다. 또 고학년이 될수록 손이 많이 필요한 수업과 활동에 대한 문의였다. 체육, 미술, 과학과 같은 과목에서 두 손이 필요한 영역을 미리 알아 두어 가정에서 필요한 준비물을 챙기기 위함이다.

아들이 유치원을 졸업할 때였다. 아이들은 노래와 율동 등 공연을 했다. 큰소리로 노래도 부르고 부모님께 감사의 마음을 담은 글도 낭독하였다. 이제 유치원을 졸업하고 초등학생이 된다니 감격스러운 순간이었다. 그러나 다음으로 이어진 공연에서 나는 당혹스러웠다. 사물놀이를 발표하는 순간이었는데 아들이 잡은 장구채가 줄곧 떨어졌다. 신명 나게 가락을 타는 아이들 사이에서 아들은 장구를 치다 장구채를 놓치면 다시 잡고 두드리느라 매우 바빴다.

유치원에서 준비한 깜짝 공연이었다. 그렇기에 미리 고지할 수 없었음을 안다. 그러나 아들에 대한 배려가 있었다면 장구채를 고정할 작은 아이디어를 낼 수 있었을 테다. 그랬다면 아들은 더 즐겁게 활동할 수 있었을 거다. 아쉬운 마음은 접어두었다. 수고한 선생님들께 내 서운한 마음을 전하는 대신 몇 번이고 떨어지는 장구채를 다시 쥐는 아들의 근성을 보기로 했다. 공연이 끝날 때까지 아들은 꿋꿋하게 장구를 쳤다. 부모님께 멋진 모습을 보여주고 싶었을까. 평소 개구지던 녀석이 그날은 야무지고 진지해서 다르게 보이던 날이었다. 그래, 장구 공연이 아니었다면 나는 아들이 가진 근성을 보지 못했을 것이다. 포기하고 풀 죽은 모습이 아닌 자신이 끝마쳐야 하는 과제를 훌륭하게 해내는 아들을 보며 가슴이 충만했었다.

그 후, 초등학교 개별화교육지원협의회를 통해 아들이 학교에서 할 활동에 필요한 것들을 미리 파악하여 준비해 주었다. 줄넘기와 리코더. 모두 양손을 사용해야 하는 도구들이었다. 아들의 특수성은 나의 창의성을 깨우게 했다. 기존의 것을 아들의 왼손에 맞도록 고안해 내야 했다. 줄넘기는 왼쪽 손잡이에 단단하게 고정할 수 있도록 보호대를 만들어 부착했다. 아들이 껑충껑충 줄넘기를 넘는 모습을 보며 행복했다. 작은 아이디어로 줄넘기라는 영역에 가능성을 열고 줄넘기를 하니 흐뭇했다. 그러나 내 기대와 달리 아들은 줄넘기 시간을 매우 싫어했다.

아들에게 맞는 리코더를 찾았을 때 우리 가족은 모두 기뻐했다. 리코더를 구입하기 위해 우리 부부는 서초동에 있는 악기상을 찾아갔다. 택배로 받으면 그만이지만 제대로 된 악기 사용법과 운지법을 알고 싶었다. 또 특별한 리코더를 창작해낸 그 처음의 생각이 감사하고 반가워 직접 찾았다. 세상에 혼자가 아닌 것 같은 든든함을 느꼈던 날이었다. 사실 줄넘기나 리코더 연주를 꼭 해야 한다는 생각 때문에 준비한 것은 아니었다. 할 수 있는 것과 할 수 없는 것은 다른 문제였기에 아들에게 모든 상황마다 가능성이 있음을 알려주고 싶었다. 세상에는 다양한 사람이 존재했고 신기할 만큼 해낼 수 있는 방법이 많다는 것을.

초등학교 3학년은 코로나 시기라 줌으로 수업을 할 때였다. 리코더 연주를 평가하는 시간이었는데, 선생님은 차례차례 리코더 연주를 점검하고는 다른 학생들에게 줌에서 퇴장해도 좋다고 하셨다. 마지막으로 남은 건 아들이었다. 아마도 아들을 배려하려는 의도에서 마지막으로 순서를 정하신 것 같았다. 선생님은 "제아야, 할 수 있겠어?"를 재차 물으셨다. 아들은 수행평가 곡을 연주했고, 연주가 끝난 후 선생님은 박수를 치셨다. 아들은 이게 박수받을 일인가 싶었겠지만 선생님은 장애라는 한계를 넘는 감동을 보셨을 거다.

사람들은 미처 생각하지 못하는 의외의 상황에서 감동을 받는다. 대단한 것을 해내서가 아니라 한계를 뛰어넘는 작은 성공에 감동한다. 그런 면에서 아들은 보편적인 사고를 하는 나에게 크고 작은 영감을 주는 존재이다. 내가 받은 느낌처럼 선생님은 아들에게서 영감을 받았는지도 모르겠다.

6학년 아들의 담임선생님은 그간 아들이 만난 담임선생님 중 가장 꼼꼼한 분이시다. 엄마에게도 숙제와 같은 미션이 주어졌는데, 매일 아들의 알림장을 검사하고 부모의 사인을 해주어야 하는 일이었다. 매일 20분 독서와 숙제로 내주는 학습지에도 꼬박꼬박 서명을 해야 했다. 만약 부모님의 사인이 없으면, 알림장에 빨간색 물음표를 표시하여 다시 받아오게 하셨다. 24명의 알림장과 학습지를 일일이 확인하는 일이 번거롭기도 할 텐데 학생들을 지속적으로 관리를 하고 계셨다. 내가 몇 번 사인을 놓친 후로는 아들이 알림장을 들고 와서 직접 사인을 요청할 만큼 성실하게 지도하셨다. 늘 무언가를 잊어버리거나 빼먹는 아들이었다. 그런 아들이 스스로 열심히 챙겼다. 첫 만남 때의 느낌처럼 담임선생님이 학생들 관리를 잘하시는 것이 틀림없다.

첫 만남 개별화교육팀협의회를 할 때였다. 마스크에 네모난 각진 안경을 쓰셔서였을까. 아무렇게나 꼬불거리는 머리를 하고 앉은 담임선생님의 첫 느낌은 '깐깐'이었다. 나는 전반적인 활동에 대해 질문했다. 체육 수업은 농구, 피구 등 무난하게 함께할 수 있는 활동을 진행할 것이라 했다. 리코더도 많이 다루는데, 6학년에서는 샵과 플랫이 붙고 높은음을 넘나드는 연주를 하게 된다는 이야기를 했다. 아들의 리코더 운지법이 조금씩 달라지는 부분이 있기에 다소 까다로울 수 있었다. 나는 리코더 연주 외에 멜로디언이나 실로폰 같은 다른 악기도 함께 허용하는 것에 대한 질문을 했다. 되돌아온 깐깐선생님의 답은

"제아 한 명 때문에 다른 아이들이 배울 수 있는 기회를 놓치는 일은 있을 수 없습니다."

그녀의 어조는 단호했다. 나는 다른 학생이 배우고자 하는 기회를 뺏으려는 게 아니었다. 단지 리코더에 국한된 활동만이 아니라 아들이 학급에서 조화롭게 어울릴 수 있는 다양한 방법을 의논하고 싶은 거였다. 뜻밖의 거부에 나는 당황했다. 음악 시간 모두가 리코더를 불어야 하는 것은 아니지 않은가. 유연하게 다른 악기나 노래 같은 것으로 선택할 수 있도록 허용하는 것이 단칼에 답을 베어버릴 만큼 어려운 것이었을까. 깐깐교사는 장애를 권리로 악용하려는 사람을 대하듯 엄중한 태도를 보였다.

"선생님 말씀이 많이 섭섭하네요. 제아는 선생님 학생이 아닌가요?"

왠지 이 상황에서 밀리고 싶지 않은 오기 같은 것이 올라왔다. 다른 아이들을 위해 나의 아들 한 명은 소외되어도 된다는 말인가. 아흔아홉 마리의 양과 한 마리의 양이 대치되는 순간이었다. 한 마리의 양을 지키려는 나와 아흔아홉 마리를 지키려는 깐깐교사의 부딪힘으로 협의회는 팽팽했다.

뒤늦게 협의회에 참석한 교감선생님은 이상기류를 감지했다. 우리를 중재하며 진위 여부를 물어왔다. 나는 음악 시간에 다양한 악기와 활동에 대한 의견을 전달했다. 깐깐선생님은 자신이 나의 의견을 잘못 이해했노라며 사과를 했다. 내 발언이 꼭 리코더를 가르쳐야 하냐며 나의 아들을 위해 모두에게 리코더를 가르치지 말라는 강요로 들었다고 했다. 설마 내가 그렇게 말했을 리가…. 교감선생님 앞에서 말을 바꾸어 꼬리를 내리는 담임선생님의 속내를 파헤치고 싶었으나 그녀의 말을 전적으로 믿기로 했다. 내 아이를 일 년간 맡아 교육할 교사를 믿지 못하고 의심해 봐야 가장 큰 손해를 보는 건 아들이었다. 교사와 잘잘못을 따져지는 것보다 아들의 행복한 학교생활이 먼저였다.

그렇다고 해서 뻣뻣하고 깐깐한 교사의 태도가 옳았다는 것은 아니다. 잊어버리려 해도 아무 일 없던 것처럼 마음이 사그라들지는 않았다. 오후 내내 "제아 한 명 때문에 다른 아이들이 배울 수 있는 기회를 놓치는 일은 있을 수 없습니다."라는 말이 귓가에 맴돌았다.

사실, 1학년부터 몇 년간의 개별화협의회를 거치며 장애를 이해하려는 선생님을 만나왔다. 깐깐교사도 다른 선생님과 같을 것이라 편리하게 생각했기에 당혹스러웠던 거였다. 그랬다. 그녀는 장애를 배려하지 않았다.

나는 배려에 대해 생각했다. 우리는 장애 인식 개선을 통해 장애에 대한 편견을 좁혀 가는 사회에 살고 있다. 그러다 보니 자발적인 배려보다는 교육을 통해 타의적인 배려를 하는지도 모른다. 사회적인 차원의 배려가 강요처럼 요구되지는 않았는지 돌아보게 했다. 사회적 약자에 대한 배려와 선의를 당연하게 여기는 구조 안에서 나는 은근히 배려를 기대했는지 모르겠다.

장애인의 권리와 사회의 배려는 경계가 애매하다. 어디까지가 권리이며, 어디서부터가 배려일까. 확실한 건, 타인의 배려라는 따뜻한 온실을 걷던 나는 냉소의 순간을 마주하며 나는 잠시 휘청했다. 그로 인해 현실을 직시했다. 객관의 눈으로 다른 시선을 가진 이들의 마음을 짚어 볼 수 있었다. 그렇다. 사회적 약자라고 해서 타인에게 배려를 요구할 수는 없다. 또한 배려가 의무는 아닌 거다. 엄밀히 말한다면 선한 마음을 내어 주며 돕는 것은 개인의 선택인 것이다. 그렇기에 나는 하나를 배운다. 어느 누구의 비정함. 배려하지 않는 이들의 야속함으로 속 끓이는 대신 내 곁에 선한 이들의 마음을 떠올리며 감사를 전하기로.

많은 사람이 떠올랐다. 운이 좋게도 나는 선한 사람들을 만났었다. 내가 살아온 힘든 순간에 삶을 살맛 나게 했던 건 사람이었다. 그들의 온기와 온화한 시선은 시린 속을 든든하게 채워주었다. 묵묵히 나의 마음을 헤아리고, 천진난만한 아들을 배려해 주었던 드넓은 대양. 그들의 보이지 않는 격려와 선함으로 나는 아들을 아들답게 키울 수 있었던 거다. 늘 곁에 있었기에 그들의 따뜻한 마음과 감사함을 놓칠 뻔했다. 그 사랑이 익숙해 배려받는 것을 당연하게 생각했는지도 모르겠다.

작은 에피소드를 통해 장애와 비장애, 사회적 약자를 구분하고 분류하는 시스템의 고약함을 꼬집어 본다. 왜 가르고 나누려고만 하는가. 너와 나, 장애와 비장애, 약자와 강자를 분류하며 카테고리를 나누느라 사람이라는 대전제를 잊고 사는 것은 아닌지 모르겠다. 나는 크게 '지구인' 혹은 '그저 같은 사람'이라는 큰 항목을 만들어 본다. 그 항목 안에서 온유한 마음이 커지며 포용하는 세상을 꿈꾸며. 나 또한 옳고 그름의 따지기 대신 그것을 포용하며 '현상'을 있는 그대로 바라볼 수 있는 넓은 시야를 가진 사람으로 나이 들고 싶다.

 뾰족하게 깎은 연필처럼 내 예리한 마음을 동그랗게 그려 보기로 한다. 부드러운 둥근 심처럼 둥글둥글 곱고 다정한 시선으로. 나부터 시작이다. 깐깐교사가 어느새 꼼꼼한 선생님으로 예쁘게 보이도록 말이다.

4장

즐거운 쓰기

4-1

쓰기의 처음

 오늘도 노트북을 앞에 두고 끙끙거린다. 요즘 내 쓰기는 주춤주춤이다. 원하는 만큼 성큼 나아가면 좋으련만 퇴보를 마주할 때마다 나를 괴롭히는 마음은 어쩔 수 없다. 멈춘 글 앞에 앉아 있는 긴 시간이 아쉬워 한탄하면서도 미련한 나는 엉덩이를 떼지도 못한다. 써야 한다는 압박감은 겁도 없이 책을 출간하겠다던 처음의 용기를 타박하고는 한다.

 내 쓰기의 역사를 되감아 본다. 역사라는 거창한 단어를 끌어다 붙이는 건 보잘것없는 쓰기일지라도 나만은 묵직하고 진중한 의미를 담아내고 싶은 욕심이다. 나의 첫 글쓰기는 많은 이들이 그렇듯 일기에서 시작했다. 조금 더 커서는 국군장병 아저씨께 쓰던 위문편지였다.

일기가 숙제였던 시절에 나의 쓰기는 빨간 줄로 지적을 받는 수준이었다. 늘 같은 시작 '나는 오늘 학교에 갔다 와서 놀았다.' 첫 문장으로 같은 구조를 반복하며 일기를 썼다. 보다 못한 어느 날 선생님은 '나는 오늘'은 빼라고 빨간 동그라미와 돼지 꼬리를 달아 첨삭을 해주었다. 그 빨간 첨삭은 내 글이 나아지는 격려가 아니라 내 잘못을 들춰내는 것처럼 얼굴이 붉게 달아오르게 했다. 도무지 쓸 것이 없는데 '나는 오늘'로 채우던 글자 수까지 빼면 무얼 채워야 한단 말인가. 왜 매일 일기를 써야 하는가. 급기야 일기에다 거짓말을 쓰고 싶은 충동을 일으켰다. 진실과 거짓의 양심이 저울질하는 거추장스러운 숙제. 그 시절 그럴듯하게 거짓을 창작해냈으면 지금쯤 일필휘지하는 작가가 되어있었을까?

밋밋하고 단조로운 일상, 호기심과 상상력이 약했다고 탓을 돌려본다. 부모님은 새벽같이 일을 나가셨고, 밤늦은 시간에 집으로 돌아오셨다. 집은 어쩐지 외롭고 심심한 곳이었고, 내게 있어 즐거운 일이라고는 오후 5시에 시작하는 TV가 유일한 재밋거리였다. 불행하게도 그것 말고는 하루를 통틀어 기억나는 일이 없었다. 무엇보다 일기의 폐단은 삶을 검열 당하는 수단이었다는 거다. 선생님이 읽는 글에 어느 정도까지 내 일상과 마음을 드러내야 하는 건지 가늠이 되지 않았다. 내 마음 바다 밑에서 선생님의 눈치를 보고 있었다. 일기는 어쩐지 선생님과 소통하는 글이라기보다 나를 감추어야 하는 것이었다. 가만히 있으면 조용히 넘어갈 소소한 사건이 일기에 등장하는 바람에 혼나는 것을 목격해서였을까. 조심하며 소심하게 써서 두근두근 검열을 피하고 싶었다.

무엇이 나를 긴장하며 불안하게 했을까. 공부를 잘하고, 얌전히 책을 읽는 아이, 형제자매나 친구와 사이가 좋은 아이. 그런 착한 아이가 칭찬받는 시대를 살아서였을까. 모든 기회는 그런 친구들에게 주어진다고 생각했다. 나는 그런 아이가 아니었기에 인정받는 학생에서 스스로를 제명했다. 가만히 돌이켜보면 나야말로 학교의 규칙을 잘 지키는 바른 학생이었는데 말이다.

위문편지는 어떠했나. 편지의 형식을 고대로 따라 쓰는 것이 전부였다. 받는 사람을 쓰고, 첫 부분에는 인사말과 안부를 묻고, 약간의 내용 후 끝인사, 보낸 사람을 알리는 형식에 맞추어 쓰는 편지글이었다. 국군의 날을 맞아 학교에서 진행하는 행사여서 억지로 참여했었다. 누구는 편지글로 상도 받고, 선물도 받았는데 나에게 그런 포상의 기회는 한 번도 없었다. 그랬다. 내 쓰기의 역사는 칭찬이나 상을 받는 것처럼 달콤하지 않았다. 오히려 뒤통수가 따끔한 기억이 더 많을지도 모르겠다. 게다가 글을 유창하게 쓰는 사람도 아니다. 글을 잘 써내려 가지 못하는 나인데도 이상하게 쓰는 것을 좋아했다.

내 쓰기의 번외 편은 공식적인 일기장보다는 나만의 수첩, 아무렇게나 낙서를 해도 좋은 연습장에서 이루어졌다. 그 안에서 내 마음을 끄적이며 끄집어내었다. 나의 외로움과 지루함에 대한 넋두리, 짝사랑의 애끓는 마음, 가난한 우리 집에 대한 답답함 등 누구를 붙들고 할 수 없는 말에 대한 자기 한탄이었다. 작은 공간에 내 감정을 써가며 나를 만나고는 했다.

불같은 내 마음을 탈탈 털어놓던 낙서 같은 글이 시작됐다. 심술보가 불독처럼 늘어진 초등학교 5학년 담임선생님은 드러내 놓고 돈을 밝히던 사람이었다. 나는 늘 선생님의 시야에서 벗어난 학생이었는데, 왜인지 5학년 불독은 쉬는 시간 나를 책상 앞으로 불러냈다. 그러고는 무릎 위에 앉히고는 아빠의 직업을 물었다. 요즘 같으면 남자 교사 무릎 위에 앉는 것은 상상도 할 수 없는 일인데, 그 시절엔 그것을 특권이라 여겼다. 가정환경조사서에 '건설업'이라 썼으니 내가 아는 대로 말을 했다. 동상이몽이었다. 내가 말한 직업은 건설 현장의 노동자였으나 불독은 건설업을 운영하는 대표쯤으로 착각했던 것으로 보인다. 불독은 나에게 몇 가지 미션을 읊어주었다. 내일 있는 육성회에 엄마가 오실 것과 엄마가 오실 때는 자신이 먹을 영양제를 사 오길 지시했다. 이만기가 광고하는 게브랄티.

열두 살 나이에도 잘못 계산된 답처럼 찜찜한 기분이 들기는 했지만, 엄마가 학교에 올 수 있다는 기대감과 선생님이 나에게 준 특별한 기회가 신이 났었다. 다른 아이들이 아닌 나를 지목했다는 특별함. 내 기억 속에 선생님에게 인정받았다고 느낀 처음이 불독의 무릎 위에 앉았던 그날이다. 나는 오답의 껄끄러움을 뒤로했다. 하굣길에 나는 하늘을 훨훨 날아서 집에 도착했다. 선생님에게 인정을 받는다는 것은 하늘을 날고, 얼굴에 웃음이 가득한 즐거운 일이었다. 어서 빨리 이 기쁜 소식을 엄마에게 빨리 전하고 싶어 배가 간질간질 안달이 났었다.

다음 날 아침 덩그러니 놓인 도시락만 있을 뿐 엄마는 없었다. 내 속은 암전됐다. 그날 묵동초등학교 5학년 3반 60명의 학생이 들어찬 교실에서 나는 공개 재판을 받았다. 나의 죄목은 회색분자, 기회주의자였다. 무슨 뜻인지도 모르는 단어들로 죄명을 덮어씌웠지만 분명한 원인은 알 수 있었다. 엄마가 육성회에 등장하지 않았으며, 돈뭉치가 두둑한 게브랄티를 퍼 나르지 않았기 때문이었다. 불독의 말 몇 마디에 나는 세상 몹쓸 것이 되어버렸다.

연습장 안에 내 감정을 가두었다. 딸을 지켜 주지 못한 엄마의 무정함. 물론 나에 대한 질책도 있었다. 우리 형편을 알면서도 "네!"하고 대답한 나를 쥐어박는 글. 보지도 못한 불독에게 기만당한 가엾은 엄마. 무엇보다 120개의 눈동자를 내 온몸에 찌른 비열한 불독. 열두 살 아이와 그 어미를 신랄하게 모욕한 사람에게 독설을 퍼부었다. 그렇게 몰래몰래 쓰기는 내 마음에 깊이 들어갔다. 나만이 아는 슬픔과 번뇌를 담아내며 내밀하게 나와 연결되어 갔다.

4-2

민낯이 예쁜 글의 매력

 어린 시절 진한 고동색 책장이 집으로 배달되어왔다. 책장은 높이가 기다래서 부엌까지는 들어왔으나 방 안으로 들어갈 수가 없었다. 키가 큰 아빠와 오빠는 머리를 숙이며 다닐 정도로 천장이 낮은 지하실에 살 때였다. 컴컴한 공간에 진한 고동색 책장에 가득한 책. 가난한 엄마가 자식들을 위해 큰돈을 들여 투자한 책이 있었다. 계몽사에서 출판한 위인전집과 백과사전이다. 한 달에 한 번 책값을 지불하는 월부로 수십 권의 책을 들여놓으셨다. 책을 통해 자식들이 공부도 잘하고, 똑똑하길 바라는 엄마표 사랑이었다. 그러나 우리 사남매는 누구 하나 책 읽기에 열심이지 않았다. 마음먹고 책장에서 책을 뽑아 들어 봤지만 두꺼운 책에 빼곡하게 들어찬 작은 글씨가 부담스럽기만 할 뿐이었다. 더구나 한국의 위인도 관심이 없었는데 세계의 위인은 더 멀게 느껴졌다. 빨간 백과사전은 가끔 숙제에 도움이 되기는 했지만, 그것 또한 무용지물과 다름없었다. 책값의 본전을 뽑고 싶었을 엄마는 책을 읽으라는 닦달을 매일같이 쏟아부었다. 귓가를 맴도는 쟁쟁한 잔소리 때문이었을까. 책! 책! 책은 지긋지긋하고 쉬는 시간 흥을 빼앗는 고통스러운 사물이 되어갔다.

  그런 내가 자발적으로 책을 접한 건 고등학생이 되어서였다. 책에는 힘겨운 삶을 바라보는 따뜻한 시선이 있었고, 그 시선 끝에는 내 마음을 위로하는 울림이 있었다. 또 부조리한 사회에 용감하게 소리를 내기도 했는데 그럴 때면 소심하고 무기력한 내 가슴에도 열정이 솟구쳤었다. 최루탄 냄새가 코를 찌르는 날 친구와 명동으로 향했다. 공지영 소설에서 담배를 피우고, 민중을 언급하는 대학생 여주인공에 대한 로망 때문이었다. 대열에 끼어 쪼그리고 앉아 있을 때 꽤나 의기양양했다. 방독면을 쓴 아저씨가 너희들 빨리 집에 가라고 애 취급을 해서 무력하게 또 무안하게 집으로 돌아왔었다. 매를 맞거나 하는 구타를 당하지는 않았지만, 하루의 체험은 고등학생 신분에 무모한 일탈이며 모험이었다.
  글은 주인공의 삶을 멋있게 만드는 매력이 있었다. 그저 그런 내 일상과 닮은 삶, 무가치한 삶이 소설 속에서는 다른 가치와 의미를 지녔다. 예쁜 포장지로 포장된 특별한 삶 같았는데, 신경숙의 『외딴방』과 양귀자의 『모순』이 그랬다.

신경숙 작가의 자전적 경험을 쓴 『외딴방』. 고향을 떠나 서울로 상경한 작가는 열악한 노동 환경 속에서 지내야 했다. 낮에는 공장에서 일하고, 밤에는 학업을 이어가던 여공의 삶. 가난과 고독한 현실에서 어린 소녀가 겪었을 아픔. 그 비루한 흔적을 작가는 섬세하게 표현하면서도 덤덤히, 아니 어쩌면 용감하다는 표현이 더 맞을지 모르겠다. 외딴방에 머물던 작가를 통해 나는 나의 언니를 만났다. 집을 떠나 기숙사에서 생활을 하며, 낮에는 일하고, 밤에는 공부를 해야 했던 언니. 작가의 글을 빌어 언니의 3년을 훔쳐보았다.

분명 가난 때문이었다. 가르칠 형편이 되었다면 그렇게 보내지지 않았을 거였다. 어쩔 수 없는 아빠의 선택에 엄마는 소신껏 반대와 저항을 했었다. 몇 날 며칠 언니를 '보내야 한다.'와 '안 된다.'의 공방이 있었지만, 아빠의 주장이 엄마를 이겼다. 오산의 어느 고등학교로 입학을 하며 언니가 집을 떠나던 날, 우리는 난생처음 서로를 붙들고 울었다. 먹을 것과 옷을 두고 머리가 뽑히도록 싸운 적은 있어도 부둥켜안고 울 만큼 끈끈한 자매는 아니었다. 늘 나를 구박하고 얄

4장 즐거운 쓰기 **241**

밉게 굴던 언니였다. 그러나 내게 있어 그날은 가족에게서 언니가 버려지는 날이었다. 말 없는 아빠와 숨죽여 우는 엄마를 보며 언니가 집으로 돌아올 수 있을 거라는 희망을 품었다. 밤마다 전화를 걸어 집으로 돌아가고 싶다며 울던 언니. "엄마, 아빠한테 나 집에 가고 싶다고 말해 줘." 절박하게 매달리던 소리는 애달팠다. 시간이 흘러 전화가 뜸해지고 그녀가 그곳 생활에 익숙해지자 가족 모두의 풍랑이 잔잔해졌다.

휴가를 맞아 집에 온 언니는 달라져 있었다. 머리를 짧게 자르고 얼굴에는 여드름이 가득했다. 통통하게 살까지 올라 예쁜 언니는 온데간데없었다. 가족이 그리워서였을까 떨어져 지낸 어색함이었을까. 낯선 모습처럼 까칠하던 성격도 많이 친절했다. 까칠하고 얄밉던 언니였으면 했다. 잔소리와 구박을 하던 옛날 언니이길 바랐지만 그런 모습이 사라졌다. 인생의 모든 고통을 겪은 사람처럼 변해있어 짠했다. 휴가 첫날 언니는 나와 동생을 데리고 슈퍼에 가서는 마음껏 고르게 했다. 동생들을 만나면 맛있는 것을 사주고 싶었나 보다. 그러나 밤을 새워 셔츠를 만들며 번 돈이라는 것을 나는 알았다. 소녀의 부족한 잠에 손을 댈 수 없어 어정쩡하게 서 있었다. "이 소시지 맛있어." 언니는 먹어 보지 못한 것들을 잔뜩 집어 양손에 올려놓았다. 안쓰러움도 잠시, 먹을 것 앞에서 그녀는 영웅이 되었다.

가족의 슬픔쯤으로 내밀하게 묻어두고 싶은 삶의 한 귀퉁이를 작가는 보란 듯이 드러내어 쓰고 있었다. '부끄러운 게 아닐 수도 있어.' 『외딴방』을 읽으며 소녀공에서 작가가 된 신경숙이라는 인물을 통해 나는 묘한 쾌감에 흥분되었다.

양귀자의 『모순』을 읽을 때는 어땠나. 25세의 평범한 안진진, 조폭의 보스가 꿈인 진진의 동생, 집을 나간 아빠, 극성맞은 엄마. 주인공의 삶이 나의 삶과 너무 닮아있었다. 지루한 일상을 사는 나, 방황하던 동생은 진진의 동생처럼 유치장을 훈장처럼 여겼었다. 나는 안진진이었고, 나의 가족은 곧 진진의 가족이었다.

소설은 숨바꼭질하고 싶은 내 안의 은둔자를 잘도 찾아내었다. 나는 무엇을 감추고 싶었을까? 내 비참한 순간, 가난한 환경, 볼품없는 나. 삶에서 내가 규정한 옳고 반듯한 것만 취하고 싶었다. 그른 것은 감추고 내 틀과 기준에 부합하지 않는 추레한 것, 부족한 것, 부정적인 것은 모두 숨기고 싶었다. 그래서 내가 옳다고 생각하는 밝고, 화려하고, 멋있고, 긍정적인 것들을 뽐내며 치장하고 싶었다. 그러나 글에서는 그러지 않아도 되었다. 비참해도 보잘것없어도 제 빛을 내었다.

어느 날, 잔잔하게 내 이야기가 하고 싶었다. 엄마가 집을 떠났고, 아빠는 병이 들고, 무법자 같은 동생의 일탈과 번듯하지 못한 가정과 내 인생. 부끄럽고, 큰 흠집 같은 그늘지고 어두운 나를 쓰고 싶었다. 구겨진 내 자아가 있는 그대로 보이도록. 블로그에 '대원각에서 길상사까지'라는 제목으로 엄마가 집을 떠났던 사연과 그 시절의 나를 고백했다. 그 후, 나의 유년과 고난, 가족의 이야기가 내 안으로부터 졸졸 흘러나왔다. 아름다우면 좋으련만, 미학 없이 튀어나온 내 마음은 방황하기도 했다. 그러나 오십은 내 이야기를 덤덤하게 고백하기 좋은 시간인가 보다.

'어떤 힘이 이야기를 풀어내게 했을까? 너의 글을 읽으며 내 마음이 정돈되고 있어. 어떤 글보다 내게 영감을 줬어.'

나의 글에 대학 동기는 많이 놀라워했다. 각자의 삶을 속속들이 안다고 생각하던 우리였다. 죽이 잘 맞았다. 그녀에게 나는 늘 유쾌하고 밝은 사람이었을 것이다. 또 내가 소개한 지인과 결혼을 하여 내 삶과 연결된 사람들을 익히 잘 알고 있었다. 나의 엄마도 그중 한 사람이다. 그러니 어두운 내 유년과 엄마의 부재를 고한 글은 그녀에게 머리를 울리는 충격이었을 것이다. 물론 글을 올리기 전까지 내 가슴은 한바탕 전쟁을 치렀다. 나에게 미칠 악영향, 보잘것없는 이야기, 타인의 반응을 따지느라 두려웠다. 그런 마음에 대고 그녀는 말했다. 내 잔잔한 고백을 통해 영감을 받았노라고. 그녀의 반응으로 전전긍긍하던 나의 20대가 고스란히 포용되었던 걸까. 수면 아래 억누르던 이야기를 꺼내어 보여도 괜찮을 것 같았다. 그 후로 우리는 블로그에 올린 글을 통해 서로의 두려움과 아픔을 덜어내며 깊어졌다.

나는 뱉지 못하는 말을 손끝으로 뱉으며 해방되어 갔다. 간혹, 내 완고한 틀을 보았는데 그건 나를 지키기 위한 거대한 울타리였다. 물론 그 울타리는 나를 묶는 족쇄가 되기도 했다. 그랬다. 어떤 진리도 한 가지의 진리로만 머물지 않았다. 삶에서 일어났던 많은 사건은 유기적으로 연결되며 그 의미가 달라지기도 했다. 옳다고 믿었던 일은 오류를 통해 내 틀을 깨고 있었다.

글을 쓰며 나와 내가 소통했다. 고단했던 내 삶의 의미를 다시 보며 내 마음 폭은 넓어졌다. 또 글은 나와 타인을 연결했다. 드러나지 않은 이면을 찬찬히 풀어내며 이어가는 교감은 가볍지 않았다. 상대를 깊이 보게 하는 여유와 강한 연대를 준다. 그렇기에 나는 글의 매력에 흠뻑 빠져있다.

4-3

용기를 내어 씁니다

"너는 차지도 않고, 뜨겁지도 않다. 네가 차든지 뜨겁든지 하면 좋으련만. 내가 이렇게 미지근하여 뜨겁지도 않고 차지도 않으니 나는 너를 입에서 뱉어 버리겠다."

『성경』요한묵시록의 구절을 읽을 때였다. 나는 한 번이라도 뜨거웠던가? 신의 엄중한 목소리가 내 귀에 대고 꾸짖는 듯했다. 그랬다. 나는 다른 세계를 시리도록 끌어안을 차가움도 그 속으로 뛰어들 뜨거움도 없었다. 정반합의 중도를 치우침 없이 걷는 것이 지혜롭다 여기며 미지근하게 살았다.

임용고시를 준비하고 있을 때였다. 한 선배가 결혼하면 마음이 안정되어 공부가 더 잘 된다는 말을 했다. 그러고 보니 운동선수들이 결혼을 빨리하는 이유도 삶이 안정되기 때문에 경기 결과나 승률이 높다는 거였다. 주변을 보니 임용고시를 7수, 8수 하며 퀭하고 피폐한 선배들이 많았다. 그들은 웃고 있어도 웃는 게 아닌 얼굴이었다. 나는 안정감이라는 구실을 내세워 실패에 대한 두려움을 숨기고 싶었는지도 모르겠다. 무모하게도 11월 시험을 앞두고 두 달 전 9월에 결혼했다. 어리석은 선택이었다는 것을 결혼하고 나서 알 수 있었다.

 삶을 살며, 슬프다, 아프다, 괴롭다 등 감정을 느껴봤지만 '망했다'라는 생각이 드는 것은 처음이었다. 고부간의 전쟁을 치르느라 임용고시는 달나라로 건너갔다. 결혼한 지 한 달 만에 남편에게 이혼을 요구할 만큼 결혼 생활은 지옥이나 다름없었다. 뜨겁게 도전할 용기가 없어 미지근한 안전노선을 올라탄 결과라는 게 다른 도전이 기다리는 문을 연 것은 아니었을까.

 큰아이가 두 돌 무렵에 불쑥 나를 찾고 싶었다. 딸은 예뻐장해서 어딜 가도 눈길을 받았다. 똘망똘망 야무져서 딸을 키우는 기쁨이 컸다. 무엇보다 나에게 온 딸이 너무 사랑스럽고 좋았다. 그런데 그런 마음과 별개로 '나'라는 존재에 관해 물음이 올라왔다. 나의 생은 아이를 키우다가 늙는 것인

가. 육아의 끝이 가늠되지 않을 때였다. 막연하게 먼 훗날에 있을 나와 딸의 미래가 그려졌다.

"너를 어떻게 키웠는데! 니가 어떻게 나한테 이래!"
"내가 엄마더러 그렇게 살라고 했어? 엄마 인생이고 엄마 선택이야!"

드라마를 많이 본 탓일까. 자식에게 헌신한 중년의 내가 인생을 후회하며 갈등을 빚는 장면이 그려졌다. 그때 가서 '내 인생 돌리도' 보상을 요구할 수도 없을 것 같았다. 아무 것도 아닌 내 인생이 아무렇게나 꼬부라지는 건 아닐까 서글펐다.

나를 찾고 싶다는 마음이 들면서 글이 떠올랐다. 살면서 글을 써 본 적이 없었는데도 이상하게 글이 떠올랐다. 새로운 분야였지만 도전하고 싶었다. 마침 TV 화면 하단에 작가교육협회 교육원에서 드라마 작가 교육생을 모집한다는 자막이 주르륵 흘러갔다. 드라마라면 꽤 재밌게 보던 나였다. 특히 다음 이야기가 어떻게 전개될지 맞힐 땐 "내가 그럴 줄 알았다니까!" 혼자 쾌재를 불렀다. 퀴즈를 풀 듯 작가의 생각을 맞추는 것이 재밌었다. 급기야 나도 드라마 쓰겠다 싶은 지경까지 이르렀다. 무모하면 용감한 거다. 그렇게 시작한 드라마 작법을 한 과정 한 과정 밟으며 쓰기를 배워갔다. 인물을 만들고, 사건을 통해 내가 하고자 하는 이야기를 완성할 때의 뿌듯함이 좋았다.

마지막 과정을 배울 무렵에는 둘째를 임신해서 배가 남산만 했었다. 배움에 있어 남산만 한 배는 아무 문제가 되지 않았다. 그저 더 집중할 수 없는 현실이 아쉬울 뿐이었다. 출산 후 날씬해진 몸으로 선생님과 동기들을 만나기를 고대했다.

그러나 둘째 아이가 태어나고 글쓰기를 접었다. 아들의 특별한 손은 나의 시선을 사로잡았다. 아이는 엄마를 차지할 전략을 가지고 나온 것일까. 나는 글쓰기가 아니라 아들을 키우는 것이 내 임무라고 생각했다. 사실 아들이 태어나고는 글을 쓰는 게 신나지 않았다. 내 길이 아닌 길을 걸으니 하늘이 나를 불러세우는 것만 같았다. 꿈을 꾸며 나아가고팠던 나는 날개를 접었다. 그래도 아이는 건드리지 말지. 대차게 얻어맞고 주저앉은 기분이었달까. 그저 꿈보다 삶에 순응하는 것으로 노선을 변경했다.

실패투성이. 성공과 실패의 기로에서 내린 타협안은 실패였다. 이유가 분명했지만 내 용기가 부족했음을 안다. 그랬다. 삶에서 나를 소외시킨 건 나였다. 누가 강요하지 않았는데도 내 아이들과 가정을 위해 맨 끝에 나를 두었다. 엄마니까. 그럼에도 아쉽고 부러운 게 있었는데 어떤 자리에서건 당당하게 자기소개를 할 때였다. 나를 소개해야 하는 자리에서 어떤 나라면 당당할 수 있을까. 내 인생을 후회하지 않을 방법은 무엇일까. 내가 진짜 하고 싶은 것은 무엇일까.

"뭐 하시는 분이세요?"

나는 이 물음에 참 자신 없다. 사랑하는 두 아이를 곱게 키웠으나 그걸로는 대답이 충분하지 않은 것 같았다. 기간제 교사로 학생들을 가르쳤고, 기관에서 일을 했어도 사회에서 나를 선명하게 보일 말이 없었다. '나는 뭐 하는 사람이지?' 스스로 쪼그라들었다.

오십에 나는 우물쭈물하는 대신 용기를 내고 싶었다. 뭐 하시는 분이냐는 말에 해답을 찾고, 삶의 고난에 핑계 대지 않으며, 나약하게 주저앉지 않으려 용기를 내어 글을 쓴다. 물론 용기를 냈다고 해서 그 길이 순탄한 것은 아니다.

내 쓰기는 더디고, 종종 헤맸다. '언제 책 나와? 언제 작가로 성공해? 언제 돈 벌어?' 남편의 농담 섞인 질문에 콕콕 찔려 예민해지기도 한다. 그러나 타인의 간섭에 '빠르지 않아도 괜찮아. 조금씩 변화하고 있어. 내가 알아.' 나는 나에게 다정하고 따뜻한 글을 보내며 천천히 걷는다.

돌아보면 삶을 진지하고 심각하게 살았다. 그게 삶을 대하는 옳은 태도라 여겼으나 숨 쉬고 즐길만한 여유는 없었다. 나의 글은 이제 좀 유연하게, 웃으면서 느긋해도 된다고 말한다. 내 존재를 증명할 근사한 무엇이지 않아도 괜찮고, 세상, 사회, 타인에게 나를 증명할 필요가 없다고. 쓰지 않았다면 도달하지 못할 세계였을 테다.

도서관에 앉아 글을 쓰는 시간은 어느새 생활의 일부가 되었다. 이러다 한 꼭지를 완성하는 날은 하루를 열심히 산 것 같아 기분이 째졌다. 이런 행복은 돈 주고도 살 수 없는 순간이다.

나는 한 번이라도 뜨거웠던가? 다시 이 질문 앞에 머물며 미지근하던 내가 은근하게 데워지며 뜨겁기를 꿈꾼다. 그렇게 오늘만큼의 꼬물거림으로 꿈틀대는 중이다.

4-4

우울 너머 해학으로 살기

초록색 번호판을 달고 다니는 우리 집 자동차 로체. 2007년 딸이 태어나던 해에 새 차나 다름없는 중고차를 구입했다. 우리 가족과 19년을 함께하며 가족의 발이 되어준 차다. 내가 나이 드는 것을 잊고 살만큼 로체의 수명과 노후를 생각하지 못하고 살았다. 어느새 도로를 달리는 자동차 번호판이 모조리 흰색으로 바뀌어 있는 것을 발견했다. 나는 로체의 초록색 번호판이 노후된 차량의 증표 같아 은근히 신경이 쓰이기 시작했다. 차를 새것으로 바꿀 형편이 안 되었기에 새 차를 꿈꾸지 않았다. 대신 눈에 띄는 초록색 번호판을 바꾸면 낡아 보이지 않을 것 같았다. 남편은 번호판 바꾸면 뭐가 달라지냐며 로체가 새 차가 되느냐 웃어넘겼다.

핸들은 뻑뻑하고 뒷좌석 문은 열면 자동으로 닫혔으며 덜

덜덜 소음도 컸다. 가끔 시동이 꺼지고는 했는데, 사실 남편은 지하철로 출퇴근을 하느라 로체의 심각성을 몰랐다. 주로 내가 로체를 몰고 아이들 등하교를 시키다 보니 노후를 피부로 느끼는 건 나였다. 언제 설지 모르는 불안과 그래도 이만하면 씽씽 잘 달린다는 두 마음으로 하루하루 넘기며 살았다.

어느 날, 등굣길에 뱃고동 소리와 경운기 소리가 쩌렁쩌렁 울렸다. 나와 아들은 소리의 근원지가 의아해 두리번거렸다. "우리 차에서 나는 소린가?" 학교 앞에서 아들이 내리면서 "엄마 로체 소리예요."라고 했다. 등교를 하던 아이들이 경운기 소리가 나는 요란한 로체를 쳐다보며 지나쳤다. 차에서 내리는 아들이 친구들 눈에 띄지 않게 하려는 특단의 조치는 줄행랑이었다.

"빨리 문 닫아!!"
나는 아들을 향해 소리를 치고는 황급히 학교 앞을 빠져나왔다. 그러나 볼 사람은 다 봤을 것이다. 내 생각을 모르는 아들은 엄마의 고함에 얼마나 당황했을까. 나는 요란하게 소리 내는 로체를 타고 컴포즈 사거리를 지나 남춘천역 철로 밑을 빠져나와 집으로 돌아왔다. 지하주차장에 들어서자 경운기 소리는 더 요란한 굉음을 냈다. 불현듯 '경운기 타는 여자'라는 생각이 떠오르며 이 제목으로 글을 써야겠다며 히죽 웃었다.

문득 삶의 크고 작은 비장한 고난을 유머로 웃어넘기고 있는 나를 보았다. 분명 세상 심각한 것처럼 받아들이던 일도 글로 차근차근 적어 내려가다 보면 조금씩 정리가 되었다. 한 발 떨어져 바라보는 시선은 처음 느낌보다 너그럽게 볼 수 있는 여유를 주었다.

처음 글을 쓰며 내가 토해내듯 쓴 이야기는 내면의 어둠이었다. 묘한 신경질. 나는 고음의 바이올린 선율처럼 예리한 기분으로 아침을 맞이하고는 했었다. 동공을 쏘는 형광등 불빛 때문도 불면 때문도 아니었다. 사람들은 상쾌한 기분으로 아침을 맞는다던데, 왜 나는 그렇지 않은가? 내가 줄곧 품는 의문이었다. 생각해 보면 꽤 오래전부터 나의 아침은 미세하게 신경이 곤두서 있었다.

방임이나 다름없는 삶과 우울한 환경 탓에 내 영혼이 아프다고 믿었다. 어린 시절부터 차곡차곡 쌓인 감정을 파헤치며 나의 원 가족에게서 그 증거를 꿰맞추기도 했다. 무병과 파킨슨을 앓으며 병으로 현실 도피한 아빠, 외로움을 호소하던 동생, 술로 속을 달래던 오빠, 허공에 시선을 두며 한숨 짓는 엄마. 내가 기억하는 유년의 날들은 쓰라린 흉터가 전부였다. 가족력을 탓하며 내 우울에 함몰됐던 나였다. 그렇기에 나는 내 가족과 다름을 증명하려고 그들을 부정하며 살고 싶었는지 모른다.

현재를 살면서도 내 삶은 과거와 공존했다. 내 몸뚱이는 이곳에, 내 생각은 과거의 그곳에 있었던 거다. 나는 쓰면서 내 어린 시절을 다시 살았다. 썼다 지웠다를 반복하며 내 의식이 향해 있는 곳을 똑똑이 알아차렸다. 나는 과거 삶에 대한 원망과 비난의 굴레를 되풀이하고 있었다. 그건 내가 만든 굴레였다. 온통 흉터뿐이라며 한계에 갇혀있던 나에게 확장이 일어났다. 삶의 고난은 고난으로 멈춘 것이 아니었다. 삶의 또 다른 재료가 되어 고비고비를 넘을 때마다 나를 성장시키고 있었다. 또 삶의 한 부분이 일그러지면 다른 기회가 열린다는 것을 분명히 보게 되었다.

어느 아침, 나는 베란다 창문을 열고 파란 하늘을 보았다. 뺨과 목을 훑고 지나가는 바람을 느끼며 불현듯 이게 행복인가 싶었다. 동시에 예리한 현을 타는 묘한 신경질이 사라졌음을 인지했다. 어리둥절했다. 익숙하던 미세한 스트레

스, 미간 사이를 조이던 녀석의 부재는 조금 생소했다. 오늘 단 하루 주어지는 행복쯤으로 여기며 그 순간을 즐겼다. 강아지 설이 밥그릇에 달그락 사료를 채우고, 아침을 꼭 챙겨 먹어야 하는 아들의 입맛을 고려해 고기를 구웠다. 아침부터? 아침부터! 그래, 어떨 때는 책임감과 사랑이 헷갈리던 내 새끼들이 오늘은 사무치게 예쁘고 사랑스러웠다. 하루의 무탈함과 소소한 행복에 감사를 고하며 조금씩 빛의 삶을 살고 있는가 보다.

 나이가 들면 저절로 지혜가 생기고 인생을 통찰하는 줄 알았다. 내 삶에는 거저 가져도 되는 공짜가 없었다. 줄곧 '왜?'라는 물음표를 달고 살아야 했다. 왜 나는 가난한가, 왜 나는 힘겨운가… 지금은 그 해답을 찾는 중이다. 한 가지 확실한 건 삶을 원망하고 미워하느라 힘겨웠던 인생의 한 챕터를 빠져나가고 있다는 거다. 그리고 이제부터 다시 쓰게 될 나의 삶은 주말드라마처럼 훈훈한 가족극을 썼으면 한다. 우울 대신 해학으로.

4-5

너와 태풍이 금빛 호수를 달리다

"다녀왔습니다."

현관 비밀번호를 누르는 순간부터 아들의 등장은 나를 설레게 한다. 이 순간을 위해 등교라는 짧은 이별을 하는 것은 아닐까. 동그랗고 까만 눈에 더 동그랗고 큰 안경이 코끝에 걸쳐있다. 순진무구한 네 눈을 마주하니 너라는 세계를 끌어안지 않고는 배길 수 없다. 내 몸무게를 훌쩍 뛰어넘어 푹신푹신 살집이 오른 사춘기 초입의 아들인데, 아직도 비릿한 아기 냄새가 난다는 게 신기할 따름이다. 아들은 짧고 굵은 포옹 이후 가방을 휙 던지고는 "자전거 타러 나가도 돼요?" 묻는다.

한동안 게임에 빠져 외출을 하지 않던 아들이다. 요즘은

부쩍 '태풍이'를 몰고 나간다. 태풍처럼 빠르다고 지어준 자전거 이름이다. 태풍이를 타고 집 앞 편의점을 벗어나, 좀 더 먼 롯데리아, 버거킹, 마라탕, 명동, 한강라면 집으로 먹거리 탐방을 한다. 혼자만의 작은 탐험이 아들의 세계를 점점 넓혀주고 있다. 지갑을 목에 걸며 "자전거 타러 가도 돼요?"라는 물음은 허락을 요하기보단 '다녀오겠다.'라는 알림에 가깝다. 아들은 하나씩 하나씩 엄마가 만든 울타리를 깨고 자기 영역을 구축하는 중일까.

아들의 네발자전거에 달린 보조 바퀴 2개를 떼던 날이었다. 막연한 호기심에서 발동한 일종의 모험이었다. 일곱 살이면 두발자전거 타는 거 아닌가? 하는. 아들은 딸이 타던 핑크색 자전거를 곧잘 탔다. 어느 순간부터 뒷바퀴가 거추장스러울 정도로 쌩쌩 달리기에 바퀴를 떼어 보기로 했던 거였다.

"중심을 잘 잡고 앞만 보고 쭉 가면 돼."

아들은 능숙하게 페달을 밟고 쭉쭉 나아갔다. 한참을 가더니 자전거를 멈춰 세우고 뒤를 돌아보는데, 녀석의 표정에 기쁨이 가득했다. "엄마 나 잘 타지요?" 나는 엄지를 치켜세우며 아들의 첫발에 함께 기뻐했다. "쭉 가. 계속 가!" 남편은 아들을 따라 달리며 아들을 독려했다. 아들은 힘껏 페달을 굴렸다. 아빠는 아들을 뒤따라 뛰고, 나도 두 남자의 뒤를 따라 걸었다. 오후의 햇살이 나른하게 비추고, 푸른 나무와 졸졸졸 흐르는 시냇물, 모든 것이 평화로웠다. 네 발에서 두 발로 자전거 타기를 성공한 것뿐이지만 내게는 금메달을 따는 순간을 목격하는 것처럼 기특하고 대견했다. 넘어지고 깨지는 몇 번의 실패와 좌절은 당연한 수고로움인데, 아들은 첫 라이딩에서 하늘을 나는 작은 새처럼 비상했다. 그 작은 성공이 기쁘고 벅찼다.

산책로에 핀 꽃에 홀려 걷는 것도 잠시. 한참을 걸어도 아들이 탄 자전거는 보이지 않았다. 저만치서 아들을 찾는 남편이 나타났을 뿐이다. 어느덧 해는 뉘엿뉘엿 지고 초저녁 어둠이 깔리고 있었다. 아들의 첫 라이딩은 예상치 못한 엇갈림 속에 아들을 찾는 수색작업으로 급변했다. 정신이 번쩍 들었다. 분명 되돌아올 것을 가늠하며 사람을 살피며 걸었다. 길가 옆 들꽃에 눈길을 주기는 했으나 그것 때문이었을까. 분명 지나치는 아들을 보지 못했다. 가슴이 쿵쾅거렸다. 자전거를 타고 내 시야에서 점점 멀어지던 그 날의 아득함을 잊을 수가 없다.

한참이 지나 어둠이 깔린 후에야 아들을 만났다. 어둠 속을 헤치며 나타난 지친 모습의 녀석. 나를 발견하고는 대뜸 "엄마! 저 안 다쳤어요!"라고 말을 한다. 그 말은 아들을 살피게 했다. 아들의 다리는 시퍼렇게 멍이 들고, 자전거도 크게 일그러져 있었다. 먼 길을 헤매느라 겁이 나고 무릎이 아팠을 텐데…. 나는 아들을 꼭 안았다. 멍들고 상처 난 다리의 통증이 내 가슴에 새겨졌다. 겉으로는 아주 멋진 엄마처럼 아들의 처음 경험을 우쭈쭈 칭찬했지만 '다시는 자전거 금지!' 내 마음은 아들을 품에 안고 내 틀에 가두고 싶었다. 도전이라는 새로운 시도에 갈팡질팡 흔들리는 건 나였다.

다음 날 아들과 함께 자전거를 타며 전날의 경로를 복기하고서야 아들의 탐험로를 알 수 있었다. 내가 미처 가보지 못한 곳에 새롭게 조성된 운동길이 길게 이어져 있었다. 전에는 공사 중이라 휘장이 처져 있어 다니지 않던 길이었다. 어느새 운동길이 완공되어 있었다. 아들은 이 긴 운동길 끝까지 달렸던 거다. 새로운 길을 개척하며 아들은 신이 났을 테지만 내 마음은 아들이 훌쩍 커서 내 품을 떠나지 않기를 바라고 있었다.

어느덧 6학년이 된 아들. 아들이 성장한 만큼 엄마인 나도 내 울타리를 확장해야 하는 때이다. 아들의 독립을 위해 내 마음 품을 넓혀야 한다. 사랑이라는 이름으로 아들을 구속하지 않고 무엇보다 아들의 행복에 의미를 두며 말이다. 얼마나 시간이 지났을까. 자전거를 타고 오겠다던 아들은 의암호 호수를 달리고 산책길을 누볐나 보다. '댄싱카페인' 스티커가 붙은 누런 빵 봉지를 내밀며 "엄마 선물이에요." 한다. '댄싱카페인'은 노을이 지는 아름다운 풍경을 볼 수 있는 카페다. 호숫가 앞이라 호수와 산을 지그시 보기만 해도 편안해지는 곳. 석양이 짙어지면 하늘은 짙은 오렌지빛으로 물드는 아름다운 곳이다. 내가 좋아하는 풍경 속을 아들은 달렸다. 노을을 등에 지고 옷자락 펄럭이며 내달렸을 그의 세계.

"입으로 물고 와서 봉지가 좀 지저분해요."

그러고 보니 누런 봉지 입구가 촉촉하게 젖어있다. 쿨내 진동하며 '더 맛있어 보이는 빵은 비싸서 이걸로 샀어요.'라고 하는데, 세상 그 어떤 남자보다 멋있고 든든했다. 예쁜 접시 위에 빵을 올려놓고, 한 겹 한 겹 결 따라 먹는데 행복이 별것이 아니었다.

오늘 나는 누런 빵 봉지를 입에 물고 반짝이는 공지천 호숫길을 달리는 아들의 풍경을 삶의 화폭에 새긴다. 오래도록 오늘의 그를 기억하고 싶은 마음이다. 앞으로 아들은 태풍이를 타고 점점 더 먼 곳을 향해 모험을 떠날 것이다. 그때 나는 그가 멀어지는 거리만큼 마음의 품을 넓히며 다시 돌아올 그 순간을 묵묵히 기다릴 것이다. 그렇게 기다림과 그리움 속에서 우리의 사랑은 더 깊어지고 단단해질 테지. 녀석이 선물한 작은 빵은 물리적 거리 너머 언제나 우리 마음이 이어져 있다는 변함없는 약속 같았다.

매일 삶을 기록할 수 있는 '쓰는 삶'이 새삼 값지고 의미 있는 오늘이다.

4-6

아직도 글을 쓰는, 나

 우리가 마지막으로 만났던 그해 여름. 대학로 거리를 걷던 그때가 벌써 7년 전이라고 했다. 우리는 이십 년의 공백을 단숨에 깨고 대학생 때로 돌아가 무척 신났었다. 남편 직장과 아이 교육을 염두에 둔 미국살이를 하는 H의 방문으로 만났으나, J의 캐나다행 이민 소식에 마음이 무거워졌다. P, K, H, J 지인이 하나둘 해외로 떠날 때마다 내 젊은 날이 옅어지는 것 같아 보내기 아쉬웠다. 망부석처럼 꼼짝하지 않고 대한민국을 지키는 나는 몇 년에 한 번씩 찾아오는 그들을 만날 때면 'HERE I STAIN FOR YOU.' 맞아주는 존재가 되었다.

 "아직도 글 쓰니?"
 캐나다 적응은 잘했는지, 영주권은 받았는지, 아이들이

잘 컸는지 묻는 나의 물음과 달리 그는 내 글에 대한 안부를 묻고 있었다. 우리의 시간에는 임용고시의 당락이 생의 목표이던 찌들고 여유 없던 청춘이 가득한데, 그에게 나는 '글을 쓰는 사람'이었나 보다. 글과 연관 지어 묻는 안녕이 듣기 좋았다.

나는 쓰고 정리하며 삶을 찬찬히 돌아보는 것을 좋아한다. 내 생각이 단어에서 문장, 한 편의 글로 형상화되어 하나의 표현으로 완성할 때, 소소한 성취감에 기쁘다. 물론 글 쓰는 것을 좋아한다는 것과 글을 잘 쓰는 것은 별개이다. 어쩌면 말과 글 중 말로 표현하는 것보다 글로 표현하는 것이 조금 더 수월하다는 쪽이 맞을지 모르겠다.

나는 낯가림이 심한 소녀였다. 세월이 깊어가며 내향적인 성격이 조금씩 나아지기는 했지만 아직도 낯선 곳은 피하고 싶은 사람이다. 초등학교 때는 수업 시간은 물론 쉬는 시간에도 말 한마디를 하지 않고 하교하는 경우가 많았다. 친구들과 재잘재잘 어울리는 것도 무척 어려워했다. 생활기록부에는 '얌전하다, 조용하다, 착하다.' 하는 선생님의 평가가 빠지지 않았는데, 나는 그런 평들이 바보 같다는 말로 여겨질 만큼 싫어했다. 스스로 내가 소심하다는 걸 너무나 잘 알고 있어서다.

초등학교 2학년 때였다. 아침부터 열이 나고 몸이 으슬으슬 떨렸다. 그 시절 개근상은 인내의 상징이라 결석을 한다는 건 상상도 못하는 일이었다. 엄마는 학교에 빠지는 것을 큰 결점으로 생각하셨기에 결석 대신 조퇴를 권유했다. "아프면 선생님께 말씀드리고 조퇴해." 문제는 내가 몸이 아프다는 이야기를 선생님께 말할 수 없는 내향적인 학생이라는 점이었다. 수업 시간 내내 아프다는 말을 언제 해야 하나? 기회를 엿보았으나 몸을 일으켜 선생님 책상 앞으로 나가는 것이 용기가 나질 않았다. 물론 입을 떼어 내가 아프노라 말할 수도 없었다. 끙끙 앓으며 정규수업을 마칠 때까지 참고 버티다가 하교를 했다.

그날 나는 아픈 몸보다 아프다는 말조차 못 하는 내가 멍청하고 답답해 속이 상했다. 집에 돌아갔을 때, 몸은 좀 어떠냐고 묻는 엄마에게도 거짓말을 했다. 아프다는 말을 못 해서 조퇴를 못한 나를 알리고 싶지 않았다. 혀를 끌끌 차며 못난이 취급이라도 하면 마음까지 참담했을 테니…. 나는 몸이 괜찮다며 얼버무렸다. 김장을 담그는 날이라 마당 안에는 배추가 수북하게 쌓여있었다. 엄마는 배추를 쪼개 소금을 뿌리고 있었으므로 내 이마를 짚어볼 새가 없었다. 곁눈으로 보며 "안 아프면 됐고."라고 하셨다. 그날, 열이 나는 이마를 들킬까 봐 하루 종일 엄마를 피해 다녀야 했다.

지금도 하고 싶은 말을 스스럼없이 하는 쪽보다는 표현을 삼키고 말아버리는 쪽이다. 내 말들이 수용보다 뭉개져 버린 경험이 많아서일까. 성공적인 말하기 부족은 표현하기를 주저했다. 어느 만남이나 모임에서 자기소개하는 시간이면, 나를 소개하며 뿌듯하기보다 소개를 마친 후 아쉬움과 후회가 가득했었다. 유머 있게 혹은 똑 부러지게 자신을 소개하는 사람을 보면 그 달변이 무척 부러웠다. 그래서일까. 말보다는 글이 생각을 표현하기 수월했다. 쓰는 나도 읽는 독자도 내 의견을 재단하고 도려내지 않아도 되며 끝까지 적어 내려가 마침표를 찍을 수 있으니 말이다.

물론 글을 쓰는 것은 괴로움과 좌절을 겪기도 한다. 그러니 책상 앞에 앉으면 엉뚱하게 딴짓으로 시간을 보내는 날도 부지기수다. 글이 써지지 않던 어느 날, 나는 AI에게 물었다.

"머리가 텅 빈 것과 꽉 막힌 것 중 어떤 것이 답답할까?"

어리석은 질문에 실소했다. 머리가 텅 비었건, 꽉 막혔건 내 질문 속에는 '답답하다'는 결론을 내놓고 있었다. 내 입을 대신해 읊조리던 글이었고, 쓰는 것이 그저 신나고 좋았던 나였다. 그러나 출간에 목표를 두자 글에 대한 책임은 나를 망설이게 했다. 책에 실리게 될 내 활자는 좋은 글이 될까? 의문이 들었다. 스쳐 지나가는 글자를 나열하고 싶은 사람이 어디 있을까. 나는 의미 있는 글을 쓰는 사람이 되고 싶어 몸살을 겪고 있었다.

풀리지 않는 글을 붙들고 끙끙대다 며칠의 휴가를 떠났다. 쉼인지 회피인지 모르는 여행이었다. 등 뒤로는 늠름하고 웅장한 울산바위가 눈앞에는 하늘빛 바다가 펼쳐졌다. 바다가 하늘이고 하늘이 바다 같은 수평선의 모호한 경계에 넋을 놓아도, 뜨거운 모래 위를 저벅저벅 밟으면서도 글에 대한 생각이 떠나지 않았다. 여름 한낮의 바다처럼 내 글의 온도는 미적지근했다. '왜 이토록 글에 재능이 없을까.' 써지지 않아 방황하기도 했다.

말보다 글이 낫다 하지만, 글을 쓰며 고통이 따르는 것은 타고난 글쟁이가 아니기에 겪는 어쩔 수 없음이다. 타고난 글쟁이라 해도 하늘에서 그분이 내려와 미친 듯이 써지는 신기루는 없을 것이다. 잘 쓰고 싶다는 욕심이 큰 나머지 버리고 싶은 글과 잘 써지지 않는 글 속에서 몸살을 겪었다. 호되게 나를 괴롭히고 나서야 문득 생각이 스쳤다. 이 고통이라 느끼는 순간마저도 쓰는 사람이 되어가는 과정이 아닐까. 쓰기로 작정한 사람이 짊어져야 할 숙명 같은 것이라고. 이 또한 필요한 시간이라며 겸허히 받아들이기로 했다. 매일 쓰고 버리는 것이 쓰는 사람의 일이라고.

"아직도 글 쓰니?"

이 질문은 내 정체성 같은 물음이 되어 좋았다. 어느 날은 한 문장도 못 건진다 해도 그 자체로 내가 좋아서 한 쓰기였음을 마음에 새긴다.

4-7

새벽 리어카, 글을 나르다

새벽의 고요는 어둠을 덮고 있다. 꿈틀거리는 내 미세한 움직임은 사위로 진동한다. 사몽의 감긴 눈과 굼뜬 몸짓은 달콤한 5분을 취하려는 저항이다. 그럼에도 나를 일으키는 것은 새벽의 고요를 소유하고자 함이다. 잠든 시공과 고요에 균열을 내지 않기 위해 조심하는 내 작은 움직임. 새벽은 나에게 집중하는 오롯함이다. 전화가 울리지 않는 시간, 약속이 잡혀 있지 않은 시간, 가족을 위해 아내와 엄마이지 않아도 되는 시간…. 내가 주도하는 대로 쓰일 수 있는 온전한 시간.

습관처럼 날씨를 확인하는데 창밖 신호등 빛이 유난히 밝다. 선명한 붉은빛은 어둠을 더 짙게 만들고 있었다. 어둠은 빛을 드러내고, 빛은 어둠 속에 그 존재가 드러났다. 극과 극의 관계 같으나 서로의 존재를 증명하는 한 쌍을 이루고 있었다. '새벽을 시작해도 좋다!' 출발을 알리듯 쨍한 초록 불이 켜진다. 따뜻한 물 한 컵을 손에 쥐고 책상 앞에 앉는다. 전날 펼쳐둔 책을 덮어 한쪽으로 치우며 노트북의 전원을 켠다.

원고를 집필하며 나의 쓰기는 다소 긴 시간 방황했었다. 미켈란젤로는 2m에 달하는 덩치 큰 돌덩이를 보는 순간 성모마리아와 예수를 보았고 위대한 피에타상을 조각해냈다고 한다. 범인에 속하는 나는 불투명한 추상에서 구체물을 예상할 수 없어 자신 없는 태도로 우물쭈물 시간을 때우고 있었다. 바보처럼 주춤거리며 도망치려는 내게 질문했다.

"이럴 거면서 왜 글을 쓰려고 했어?"

내 삶을 바꾸고 싶어서 낸 용기였다. 그러나 나라는 틀을 깨기는 쉽지 않았다. 무언가 도전을 한다는 것은 완고한 자기만의 틀은 물론 자아를 허물어야 하는 거였다. 시도하지 않았다면 겪지 않아도 될 쓰기의 고통이었다. 고생을 사서 한다며 제자리를 맴도는 나를 질책하던 순간도 숱했다.

도움을 청하는 소리가 그곳에 닿은 걸까. 내 지난한 질풍노도의 쓰기에 동아줄이 있었다. 글쓰기의 새로운 전환점이 되길 바라며 덥석 줄을 잡았다. 나는 낯선 환경 안으로 성큼 뛰어들 만큼 탐험가가 아니다. 멈칫하는 저항 없이 제안을 받아들여 신기할 따름이었다. 매력적인 제안은 리어카 프로젝트였는데, 이름부터 시선을 사로잡았다. 리어카라니 정겹지 않은가. 짐을 가득 실은 두 바퀴 수레를 앞에서 끌고, 뒤에서 밀며 서로 돕는 형태의 프로젝트였다.

 어린 시절 동네에서 동네로 이사를 다닐 때면, 리어카에 장롱과 이불 등 짐을 가득 싣고 이동을 했다. 그 작은 리어카에 한 집안의 살림살이가 담길 수 있다니… 리어카에 위태롭게 쌓은 짐을 운전하는 이가 아빠였는지, 삼촌이었는지 어린 내 기억으로는 선명하지 않다. 리어카 옆에 선 엄마의 머리와 양손에도 짐보따리가 한가득이었다. 짐을 든 손으로 머리 위에 짐까지 부여잡고 걸음을 재촉하던 뒷모습이 선하다. 그때 엄마는 리어카가 잘 가는지 앞을 살피고, 또 간간이 나와 동생을 돌아보며 "꼭 잡아."라고 호령하며 뒤를 살피셨다. 나와 동생은 리어카 귀퉁이를 잡고 가족 무리에서 이탈하지 않도록 잰걸음으로 끌려갔다. 작은 리어카는 덩치 큰 위태로운 짐과 엄마와 동생, 나까지 새로운 집에 무사히 데려다주었다.

 잊고 지낸 리어카라는 사물. 연관 검색된 유년에 가슴이 저릿하다. 한 리어카에 올라타 끌어주고, 밀어주며 가슴 저릿한 관계를 만들 수 있길 바랐다. 그런 기대로 글쓰기 친구들을 만났다. 우리는 '해빙'이라는 팀명으로 새벽 글쓰기를 함께 했다. 긴긴 겨울을 지나 봄을 맞이하는 마음으로 글을 지었다. 줌(ZOOM) 화면에 모인 우리는 마치 도서관 열람실에 모여 앉은 것처럼 각자의 원고를 집필하기 위해 새벽을 선택했다. 우리는 서로의 삶에 연결 지어졌고, 글 인연으로 존재했다.

 '해빙'

 이름처럼 꽁꽁 얼어붙은 글쓰기는 서서히 데워지고 있었다. 하루 24시간. 여느 때와 다름없는 물리적인 시간이었다. 그럼에도 새벽에 나누는 짧은 인사말 '해빙모닝'은 나의 삶에, 또 그녀들의 삶을 반갑게 열어주는 다정한 주문이 되었다. 함께 쓰는 두어 시간 안에 한 꼭지, 한 꼭지씩 글이 태어났다. 쓰는 것이 즐거웠다. 서로의 안부를 물으며 응원한다는 것은 가슴이 따뜻해지는 일이었다. 비록 노트북 화면으로 전해지는 교감이었지만 글을 쓰는 동력은 사람과 사람이 부대끼며 전해지는 온기 덕이지 않을까.

한 꼭지씩 탄생한 원고를 합평하며, 우리는 글로 소통했다. 글은 그 사람을 고스란히 보여주는 탁월한 능력이 있었다. 그가 품은 생각을 한 글자 한 글자 고심하며 의미를 새겼으니 한 편의 완결된 글은 그 사람인 것이다. 우리는 오래 만나지 않아도 깊이 있게 그 삶을 들여다볼 수 있었다. 그가 어떤 생각을 하고, 어떤 삶을 지향하는지. 어떤 글은 말로 못 하는 비밀 같은 이야기를 전했고, 어떤 글은 방황하는 마음을 전했으며, 어떤 글은 씩씩한 그를 담아냈다. 때로는 미처 글에 담을 수 없던 마음까지 읽어냈고, 엄숙한 고백에는 묵직한 무게만큼 숙연했었다. 서로의 이야기를 나누어 가진 우리는 글을 통해 교감했다. 한 사람이 울면, 같이 따라 울고 그렇게 울다가 바보스럽게 웃었다. 근사한 표현의 위로보다 날 것의 순수한 위로를 건네며.

운이 좋아 결이 곱고, 다정한 사람을 만난 건지, 글이 그 사람의 선한 면모를 잘 드러내는 힘을 지닌 건지 모를 일이나 글 안에서 만난 새벽 친구는 어디에서나 서로를 응원하는 진한 친구 사이란 믿음이 든든하게 한다.

오십의 세월 중, 내 사기를 꺾고, 주저앉히는 다양한 사람을 만났다. 어떤 이는 할퀴는 줄도 모르고 할퀴거나, 어떤 이는 나를 위한다는 선한 의도에 쓴소리를 담기도 했다. 때로는 눈빛으로, 때로는 태도로 그들의 마음이 전해졌다. 타인뿐일까. 가까운 가족도 아프게 했다. 그때마다 조금씩 마음이 다쳤었고, 나도 모르게 사람을 경계하고 마음 내어주기를 따졌었다. 세상에 선한 사람보다 악당이 더 많다며 설레설레 고개를 저었다.

 그러나 글 안에서 나를 읽어주는 사람. 내 이야기에 유심히 귀를 기울여 깊이 알아주는 사람을 만났다. 쓰지 않았더라면 만나지 못할 사람들이었다. 새로운 친구와 교감하며 즐거운 수다를 이어가고 싶어서, 나는 계속 글을 쓰는 사람이지 않을까.

4-8

도피에서 희망으로

"뉴스도 안 봐?"

미국 대선 후보자가 총격을 당하고, 2024년 파리올림픽이 개최되어도 소식을 몰랐다. 여름에 유난히 비가 많이 내렸고, 태풍이 거세도 바깥소식엔 깜깜했다. 하루는 대전에 사는 지인에게 전화를 했건만 받지 않더니 곧이어 '나 괜찮아. 잘 살아있어.'라는 문자가 왔다. 뚱딴지같은 문자라 생각했는데, 대전을 강타한 비 소식을 듣고서야 답글의 의미를 알았다. 이 모든 일이 집에 텔레비전이 없는 탓이다. 거실 한쪽 벽을 차지하는 커다란 텔레비전 대신 십자가와 그 아래 테이블에 놓인 성물들이 전부이다. 소파마저 없어 거실이 휑하다.

누군가는 내가 자녀 교육에 꽤나 열심인 것으로 여기기도 한다. 독서가 취미인 사람이니 나름의 철학이나 그럴듯한 이유가 있을 거라고 말한다. 터무니없지만 유치한 이유가 있기는 하다. 밤늦도록 TV를 보다가 소파에 길게 늘어져 잠드는 남편과 아빠를 똑 닮은 자세로 TV를 보던 아들. 두 남자 때문에 소파가 망가지고, TV가 고장 났을 때 새로 구입하지 않았다. 절제가 미약한 우리 집에서 TV는 독이었다. 아이들의 리모컨 쟁탈전과 채널권 다툼, 그리고 늦은 취침까지. TV는 나를 끊임없이 잔소리하는 마녀로 만들어 버렸다. 그럴 바에야 문제가 되는 것을 제거해 버리기로 한 것이다.

사실 나도 드라마나 영화를 보기 위해 TV를 좋아한다. 체력이 허락되면 옛날 드라마부터 현재 방영하는 드라마나 영화를 모조리 섭렵하고 싶을 만큼. 한때 밤을 꼴딱 새우며 드라마를 몰아보고, 다시 보며 그 재미와 감동에 푹 빠져 지냈다. 중학교 때 나의 꿈은 청춘드라마 주인공처럼 대학생이 되는 거였다. 대학 캠퍼스, 청춘, 낭만 같은 단어들은 가슴 뛰게 했다. 가난한 나는 대학생이 될 수 없는 절망을 직감했지만, 꿈을 꾸었다. 그러지 않았다면 내가 처한 삶에서 시들어 갔을지도 모른다.

어두운 지하방, 여름이면 방에 습기가 들어찼다. 장판을 디딘 발은 물 위를 걷듯 찰랑했고, 벽과 장롱은 짙푸른 곰팡이가 피어 퀴퀴한 냄새가 둘러쌌다. 마당을 누비던 쥐가 제 집인 양 부엌으로 뛰어 들어와 집에 있던 내가 집 밖으로 쫓겨나야 했다. 바퀴벌레가 극성인 집도 있었는데, 불을 끄고 잠자리에 누우면 타닥타닥 벽을 타고 기어 나왔다. 고요한 밤에 시커먼 침입자의 소리는 유난히 컸다. 간혹 내 얼굴을 짓밟고 지나가는 순간은 귀신의 공포와 다를 바가 없었다. 바퀴를 잡으려 피워댄 폭탄은 가난한 삶보다 매웠다. 엄지손가락만 한 벌레를 잡으려다 인간인 우리가 질식할 판이라니. 내 삶에 끼어든 건 곰팡이와 쥐, 바퀴벌레가 아닐지도 모르겠다. 내가 그들의 서식지를 침범한 건 아니었을까. 가난은 존재를 의심케 했다. 삶에 희망이 없었다.

드라마 덕분에 키운 꿈으로 나는 늦깎이 대학생이 될 수 있었다. 바라던 것처럼 캠퍼스의 낭만은 없었지만. 드라마는 현실에 갇혀 그 너머를 꿈꿀 수 없는 나에게 희망을 가지게 했다. 드라마 대본을 쓰고 싶은 꿈을 꾸었을 때도 그랬다. 그때의 내 삶은 남편이 당한 사기 사건으로 곤궁했다. 술과 한숨, 자포자기. 이해할 수 없는 남편의 처신으로 나와 남편은 대화가 없었고, 날카로운 칼날처럼 아슬했다. 딛고 있는 현실을 잊기 위해 글에 몰두했다. 고통스러운 순간을 피해 글은 도피처가 되었다. 70분. 35페이지 분량의 단편의 세계로 폭 빠져들었다. 손발이 오그라드는 로맨스는 생활비를 걱정하지 않아도 됐으며, 내가 상상하는 모든 것을 가능케 했다. 쓰는 시간은 숨 쉴 수 있었고, 현실을 피한 도망임에도 마냥 좋고, 즐거웠다.

나는 여전히 쓰고 있다. 한 편의 인생 역경 드라마 같은 내 인생을 쓰고 있다고 해야 할까. 꾸미고 만들어 낸 스토리가 아닌, 내 이야기를. 나를 쓴다는 것은 내면 깊이 들어가 나를 마주하는 일이었다. 특히 내 고통을. 가족의 죽음, 버려진 내 유년, 지긋지긋한 현실. 하나하나 드러내고 써 내려갔다. 그러면서 나는 번민했다. 왜 써야 하는가. 추악한 내 모습을 왜 드러내야 하는가. 불쌍한 나를 왜 보여주어야 하는가. 잔혹한 순간의 나를 왜 알려야 하는가.

깊은 어둠 속에는 가장 눈부신 빛이 잠들어 있다고 했다. 나의 쓰기도 그러했다. 가장 연약한 내면을 세상에 내어놓자, 서서히 어둠은 물러가고 희미한 빛이 자리를 채우기 시작했다. 숨기고 싶던 마음은 오히려 글이라는 마법에 이끌려 하나씩 모습을 드러냈다. 변변찮고 초라한 모습으로 보일까 두려웠던 나는 어느새 담담하고도 용감하게 있는 그대로의 나를 응시하는 사람이 되어있었다. 아픔을 꺼내면 온통 쓰리고 아릴 줄 알았는데, 그렇지만도 않았다. 내가 만들고 붙들어온 막연한 불안과 실체 없는 두려움. 그 속에 움츠려 있던 가엾은 영혼이 있었는데 바로 나였다. 이젠 그에게 자유를 주어야 할 때였다.

쓰기는 겹겹이 싸인 내 껍질을 한 꺼풀씩 걷어내었다. 그로 인해 얻는 것은 홀가분한 마음이었다. 오십의 나는 숨어들기 위해 글로 도피했을 때처럼 그 속으로 숨어들지 않는다. 내 인생을 다정하게 해석하기 위해, 새롭게 다가오는 삶에 희망의 노래를 흥얼거릴 음표를 그리기 위해 쓴다.

에필로그

내 이름으로 처음

원고 100페이지 분량. 짧다면 짧고, 길다면 길 수도 있는 글을 쓰기까지 3년이라는 시간이 걸렸습니다. 책의 본문에도 언급했듯이 글을 잘 쓰는 사람이어서가 아니라 용기를 내고 싶어 한 도전이었기에 방황했습니다. 3년 동안 글을 쓰다 놓았다를 여러 번. 지난한 쓰기로 가슴에 거센 파도가 들이쳤습니다. 글을 쓰지 않았다면 겪지 않아도 될 파도였지만 파도가 일지 않는 무미한 일상이 행복했을까요. 달팽이의 걸음으로 걷는 나를 토닥이며 오늘에 이르렀습니다. 포기하지 않으니 제 이름이 정면에 새겨진 책을 만날 수 있네요. 비로소 내 이름으로 무언가를 이뤄낸 처음입니다.

호적에 이름을 올리기 전 내 이름은 '미나'였다고 합니다. 그러니 어린 시절 집에서는 저를 미나라고 불렀습니다. 지금도 그렇고요. 초등학교에 입학하면서 내 이름은 '갑순'이가 되었습니다. 그날 처음 내 이름을 알았습니다. 1학년 14반에는 '미나'라는 아이가 없다는 말에 난감해할 때, 엄마와 선생님이 소곤소곤 귓속말을 나누었습니다. 그러고는 '한갑순'이라는 이름표를 달아주셨는데, 어린 나는 무척 당황했습니다. 입학하며 '미나'라는 이름을 도둑맞고 새로운 이름 '갑순'을 선물 받은 거죠. 이름을 바꾸겠다고 난리를 쳐도 소용없었고, 지금까지 '한갑순'으로 살고 있습니다.

새로운 이름은 나를 소심하게 만들었습니다. 같은 반 아이들에게 놀림을 받고, 심지어 남자 친구들의 별명이 모두 '갑돌'이었다는 사실은 나중에 알았습니다. 중학교 때 딱 한 번 명찰을 잃어버렸는데 이름이 특이하다며 이름의 주인공을 찾아봐야겠다던 남학생도 있었습니다. 지금은 연기자가 된 신하균 배우입니다. 제 명찰을 들었을 때처럼 출간 후엔 제 책을 집어 들면 좋겠다는 생각을 해봅니다. 유명인의 덕을 보고 싶은 얕은 수가 발동하네요.

언젠가 한 지인이 물었습니다.
"언니, 내 이름은 김삼순 보면 삼순이는 개명하려고 하던데 언니는 왜 개명 안 했어?"

그러게요. 나는 한 번도 개명하겠다는 생각을 안 해봤습니다. 노래를 부르며 놀림 받는 실보다 이름으로 인한 이로움도 있어서였지요. 이름은 나를 친근하게 하는 첫인상을 주었습니다. 한 번 들으면 쏙 기억에 남는다고 하더군요. 또 어른들에게 그러니까 학교 선생님, 대학 때는 교수님, 직장에서는 상사들에게도 좋은 인상을 주는 역할을 했습니다. 그런 첫인상처럼 많은 독자에게도 제 이름이 기억에 남았으면 좋겠다는 바람을 가져봅니다.

무엇보다 아빠의 사랑을 알기에 개명할 수 없었습니다. '미나'였던 내가 '갑순'이가 되던 운명의 날은 저의 출생신고를 하던 12월 23일에 일어났습니다. 아빠가 출생신고를 하러 가시다 동네에 사시는 어르신을 우연히 마주쳤습니다. 어르신은 사주와 이름을 묻더니 '미나'는 안 좋은 이름이고 '갑순'이가 좋으니 꼭 그렇게 하라고 하셨답니다. 그분이 사주를 꽤 잘 보시는 분이었다며 아빠는 변명을 하곤 하셨습니다. 어린 시절에 나는 내 인생에 끼어든 할아버지를 무척 원망했습니다. 물론 팔랑귀 아빠도 함께요.

그러나 세월이 흐르고 세상살이를 통해 아빠의 마음을 이해할 수 있었습니다. 예쁘지만 딸의 인생에 좋지 않은 이름을 지어 줄 아빠는 없겠지요. 아빠는 딸에게 가장 좋은 이름을 선택한 겁니다. 그렇게 저는 '갑순'이라는 이름으로 오십 넘게 살았습니다. 내가 한 기관에서 근무를 할 때였습니다. 부서의 책임자 한 분이 이런 말을 했습니다.

"선생님은 다 가지셨잖아요. 결혼도 하고, 남편도 아이도 있고. 취미로 일도 하러 나오시잖아요."

그분은 나와 동갑이지만 결혼을 하지 않고 어머니를 모시며 사는 여성이었습니다. 나는 그 누구보다 생계를 위해 일을 다녔습니다. 그렇기에 1시간을 운전해서 춘천보다 더더 소도시인 화천까지 일자리를 찾아갔습니다. 그러나 그분의 눈에 저는 모든 걸 갖춘 완벽한 여성상이었나 봅니다. 그때 이런 생각이 들었어요. 내 이름이 갑순이라서 결혼을 한 걸까. 내 이름 덕에 위태롭던 가정을 잘 지키고 있나? 또 1장「애도의 쓰기」를 쓸 때도 마찬가지였습니다. 내가 갑순이라서 이 세상을 무탈하게 살고 있나? 상은 오빠, 상우를 대신해 아들 같은 딸이 되어 엄마를 잘 모시라는 깊은 뜻을 가진 이름일까? 갑순이라서 내 이름으로 책도 낼 수 있는 걸까.

내 이름으로 책을 출간하다 보니 생각이 많아집니다. 이름은 여러 가지 책임이 담기는 것 같습니다. 나를 부르는 다양한 호칭이 있습니다. 아이들의 이름을 따서 제이 언니, 제아 언니라고 부르거나 성당의 세례명으로 마리아, 마리아를 닉네임으로 사용한 마리, 함께 공부하는 분들과는 호 백화로 불립니다. 이제는 그림자처럼 뒤로 물러나 있던 내 이름을 앞으로 줄 세울 시간인 것 같습니다. 저자 한갑순. 저자로서 독자의 마음에 가닿는 좋은 글을 쓰고 싶었는데 어떻게 전해질지 모르겠습니다. 좌중우돌, 뒤죽박죽인 인생에서 그저 한순간 한순간 진심을 담은 글이었음을 고백합니다. 누군가의 시린 삶에 다정하게 반창고 한 장을 덧대는 글이면 기쁘겠네요.

내 더딘 쓰기로 타인의 눈에는 성과없는 그러니까 그냥 노는 것처럼 보였을 수도 있습니다. 하지만 내면은 폭풍 그 자체였습니다. 이런 내면을 함께 버텨준 사람들이 떠오릅니다. 가장 가까이에서 엄마를 '쓰기'라는 작업에 양보한 제이, 제아와 남편 유수영 님. 뾰족 곤두서 있는 나를 살피듯 피하며 배려해 주고 무엇보다 글의 영감을 주어 감사한 마음을 전합니다. 나의 글에 자주 등장하는 엄마, 내 모나고 매운 시선 속에 사시느라 고생 많으셨고, 감사합니다. 세상을 떠난 아빠, 오빠, 동생을 다시 만날 수 있어 행복했고 내 가족으로 함께 했던 삶 잊지 않겠습니다. 같은 아픔을 함께 겪으며 여전히 나와 지구 여행 중인 언니들과 형부, 조카들에게도 파이팅을 전합니다.

모임에 소홀한 내가 이쁠 리 없을 텐데 이해해 준 알짜배기, 1-4반 핵인싸 지인에게도 감사한 마음 전합니다. 자기계발 커뮤니티에서 만나 찐친이 된 켈리스타, 멋진 여자 이경미 작가님. 글 쓰는 데 방해될까 봐 배려해 준 마음도 잘 기억하고 있습니다. 갓 지은 따뜻한 밥처럼 푸근한 분다방 가족들, 협의회에 불성실한 나를 묵묵히 지켜봐 준 춘천ME 팀께도 죄송하고 감사합니다. 독서모임 책잇수다 선생님들, 나침반처럼 방향을 만들어 주어 든든한 리어카 프로젝트 해빙작가님들, 책과강연 작가님들, 함께 신앙하는 효자동성당 교우분들, 함께 근무하는 선생님들, 선인명상 도반님 애정 어린 시선으로 응원해 주셔서 고맙습니다

마지막으로 『주저앉는 대신 펜을 들었습니다』 이 책의 독자로 저의 글을 읽어주신 당신에게 깊은 감사를 보냅니다. 사랑합니다.

2025. 9. 15.
한갑순 드림